HANS-MARTIN MÜLLER-LAUBE

Der private Rechtsschutz gegen unzulässige Beschränkungen des Wettbewerbs und mißbräuchliche Ausübung von Marktmacht im deutschen Kartellrecht

Schriften zum Wirtschaftsrecht

Band 35

Der private Rechtsschutz gegen unzulässige Beschränkungen des Wettbewerbs und mißbräuchliche Ausübung von Marktmacht im deutschen Kartellrecht

Von

Prof. Dr. Hans-Martin Müller-Laube

DUNCKER & HUMBLOT / BERLIN

Alle Rechte vorbehalten
© 1980 Duncker & Humblot, Berlin 41
Gedruckt 1980 bei Buchdruckerei Bruno Luck, Berlin 65
Printed in Germany
ISBN 3 428 04816 4

Vorwort

Das Thema des privaten, von der öffentlichen Marktaufsicht unabhängigen Rechtsschutzes gegen verbotene Wettbewerbsbeschränkungen und mißbräuchliche Ausübung von Marktmacht behandelt ein vieldiskutiertes Grundproblem des Kartellrechts. Der hier erneut unternommene Versuch, den privaten Schutzbereich näher zu bestimmen, kann auf eine Fülle von Material — vornehmlich auf hervorragende Monographien zu einzelnen Problemfeldern innerhalb des Gesamtspektrums des zivilrechtlichen Deliktsschutzes — zurückgreifen. Diese Arbeiten in voller Tiefenschärfe auszuleuchten, wäre vermessen und im Rahmen einer verhältnismäßig kurzen Abhandlung unmöglich. Das Anliegen ist insofern bescheidener. Im Vordergrund steht die Entwicklung einer geschlossenen Konzeption, die vom Standpunkt einer wettbewerbspolitischen Grundhaltung die private Rechtsschutzzone näher festzulegen sucht und ein dogmatisch verfestigtes Programm zur Ermittlung der individuellen Reaktionsmöglichkeiten gegen Kartellgesetzverstöße entfaltet. Das Gesamtkonzept bildet die Grundlage für den Versuch einer kritischen Bestandsaufnahme. Die vielfältig divergierenden Meinungen zum privatbewehrten Kartelldelikt — die namentlich in der Kommentarliteratur als Einzelaussagen ohne Einbindung in einen systematischen Gesamtzusammenhang punktuell unter der Fragestellung nach der privatrechtschützenden Funktion der einzelnen Verbotsnormen anzutreffen sind —, werden unter dem Blickwinkel der Einordnung in das rechtspolitisch und dogmatisch vorprogrammierte Rechtsschutzkonzept gewürdigt. Die Analyse kommt zu der Erkenntnis, daß neuere Tendenzen in Rechtsprechung und Lehre zur Ausweitung des Privatrechtsschutzes in bestimmten Bereichen der Kartellrechtspflege Unterstützung verdienen, während die strikte Ablehnung privatinitiierter Abwehrrechte durch die Kartellrechtspraxis auf anderen Feldern mit den aufgestellten Leitprinzipien zum Kartelldeliktsschutz nicht in Einklang zu bringen ist.

Das Manuskript war im Frühjahr 1980 abgeschlossen. Aspekte der 4. Kartellrechtsnovelle konnten noch eingearbeitet werden. Eine weitergehende Berücksichtigung neuerer Beiträge war hingegen nicht mehr möglich.

Trier, im September 1980

Hans-Martin Müller-Laube

Inhaltsverzeichnis

Erstes Kapitel

Die Rechtsgrundlagen des privaten Rechtsschutzes

1. Der private Rechtsschutz im Rahmen des Gesetzes gegen Wettbewerbsbeschränkungen als rechtsdogmatisches und rechtspolitisches Problem 9

   a) Die gesetzliche Ausgangslage 9

   b) Das Schutzgesetzprinzip im Spannungsverhältnis zwischen Privatrechtsschutz und Institutionenschutz 12

   c) Ausbildung des Kartelldeliktsrechts als Aufgabe einer Koordinierung von öffentlichem und privatem Rechtsschutzsystem im Ordnungsbereich des GWB 14

   aa) Das materielle Kartellrecht als gemeinsame Basis für privaten und öffentlichen Rechtsschutz 15

   bb) Die maßgeblichen Grundsätze einer rechtsfortbildenden Veranlagung des privaten Rechtsschutzes 16

2. Zusammenfassung 25

Zweites Kapitel

Die einzelnen Bereiche der Kartellrechtspflege und ihre Relevanz für den privatrechtlichen Deliktsschutz

A. *Privatrechtlicher Drittschutz bei horizontaler Abstimmung des Marktverhaltens unter Konkurrenten* 26

1. Das Kartellierungsverbot als Grundlage für private Ersatz- und Unterlassungsansprüche 26

2. Bestimmung des anspruchsberechtigten Personenkreises 32

3. Zusammenfassung 36

B. *Deliktsrechtlicher Drittschutz gegen unerlaubte Vertikalbindungen* 36

1. Privatrechtsschutz gegenüber unzulässiger Einflußnahme auf nachfolgende Wirtschaftsstufen 36

   a) Privatrechtsschutz der Folgevertragspartner 37

   b) Konkurrentenschutz 39

2. Privatrechtsschutz im Rahmen von Ausschließlichkeits- und Vertriebsbindungssystemen (§ 18 GWB) 40

   a) Verfolgungsrechte auf der Grundlage des § 18 GWB 40

   b) Privatrechtliche Ansprüche gegen unerlaubte Wettbewerbspraktiken im Rahmen vertraglicher Vertriebssysteme 44

3. Zusammenfassung 48

C. *Deliktsschutz gegen mißbräuchliche Ausübung von Marktmacht* 49

   1. Der Streit um die privatrechtliche Relevanz des § 22 Abs. 4 GWB 49

   2. Der methodische Weg zur Feststellung der privaten Rechtsschutzzone im Rahmen des § 22 GWB 53

   3. Die Marktergebniskontrolle als Privileg der kartellbehördlichen Mißbrauchsaufsicht 55

   4. Eingriffe in privatgeschützte Sphären Dritter durch mißbräuchliche Ausübung von Marktmacht 59

      a) Privatrechtsschutz gegen machtbedingte Behinderung oder Verdrängung der Wettbewerber auf gleicher Wirtschaftsstufe 59

      b) Privatrechtsschutz der Marktpartner vor- und nachgelagerter Wirtschaftsstufen gegen machtbedingte Durchsetzung unbilliger Konditionen 62

   5. Zusammenfassung 66

Literaturverzeichnis 68

Erstes Kapitel

Die Rechtsgrundlagen des privaten Rechtsschutzes

1. Der private Rechtsschutz im Rahmen des Gesetzes gegen Wettbewerbsbeschränkungen als rechtsdogmatisches und rechtspolitisches Problem

a) Die gesetzliche Ausgangslage

Der Bereich des privaten Rechtsschutzes in Form ziviler Schadensersatz- und Unterlassungsklagen einzelner Marktteilnehmer gegen Unternehmen, die den Wettbewerb unzulässig beschränken oder ihre überragende Marktstellung mißbrauchen, liegt noch weitgehend im Dunkeln. Die mannigfachen Bemühungen in der Wissenschaft, die Grauzone aufzuhellen, haben bislang nicht zu hinreichender Aufklärung geführt. Der Diskussionsstand vermittelt angesichts extrem verfochtener Positionen über die Reichweite privater Rechtsbehelfe ein eher verwirrendes Bild.

Die bestehende Rechtsunsicherheit ist in erster Linie auf die Vernachlässigung der privaten Reaktionsrechte im positivierten Regelungsbestand zurückzuführen. Alle Ungewißheit resultiert aus dem Umstand, daß kartelldeliktische Ansprüche in der Regel erst abgeleitet werden müssen aus einem Gesetz, das die Erhaltung und Sicherung der Wettbewerbsfreiheit zuvörderst als staatliche Aufgabe begreift. In Anbetracht der Erkenntnis, daß der einzelne Wettbewerber nicht in der Lage ist, der Bedrohung durch gesellschaftliche und private Macht individuell wirksam zu begegnen, rückt das Gesetz gegen Wettbewerbsbeschränkungen (GWB) von 1957[1] die öffentlich-rechtliche Kontrolle der Wirtschaftskräfte in den Vordergrund. Speziellen Verwaltungseinrichtungen — den öffentlich-rechtlich strukturierten Kartellbehörden — wird von Gesetzes wegen der Schutz der Institution „freie Marktwirtschaft"[2] überantwortet. Zur Bewältigung der sozial- und wirtschaftspolitischen Aufgaben bietet

---

[1] Gesetz gegen Wettbewerbsbeschränkungen vom 27.7.1957 (BGBl. I S. 1081) — mit den Änderungsnovellen vom 15.9.1965 (BGBl. I S. 1363), vom 3.8.1973 (BGBl. I S. 917), vom 28.6.1976 (BGBl. I S. 1967) und vom 26.4.1980 (BGBl. I S. 458).

[2] Grundlegendes zum Schutzgegenstand: *Rittner*, Wirtschaftsrecht § 16; *Baumbach / Hefermehl*, Wettbewerbs- und Warenzeichenrecht Bd. I, Allgemeine Grundlagen Rdn. 87, 88; *Rinck*, Festschr. f. Wieacker (1978), S. 477 ff.

das Gesetz die rechtlichen Grundlagen, unerwünschte Bildung von Marktmacht zu unterbinden, gegen mißbräuchliche Praktiken marktbeherrschender Unternehmen einzuschreiten und marktbeschränkenden Maßnahmen entgegenzuwirken, die darauf abzielen, den freien Wettbewerb zu untergraben oder gar auszuschalten.

Das Konzept einer öffentlich-rechtlichen Kontrolle schlägt sich in der Systematik des materiellen Kartellrechts nieder. Dem materiellen Regelungskomplex fällt eine Doppelfunktion zu: zum einen beschreibt er die Grenzen erlaubten Wettbewerbsverhaltens; unzulässige Maßnahmen und wettbewerbsverzerrende Akte sind im Hinblick auf die Stoßrichtung des Gesetzes als Recht *gegen* Wettbewerbsbeschränkungen in Verbotstatbestände eingefaßt und mit Verbotssanktionen belegt[3]. Zugleich dient das materielle Kartellrecht gemäß dem Prinzip der Gesetzmäßigkeit allen staatlichen Handelns als Legitimationsgrundlage für Verwaltungsverfügungen und Bußgeldbescheide der Kartellbehörden. Als Folge der Abfassung des Gesetzes mit Blick auf den öffentlich-rechtlichen Marktschutz sind die materiellen Tatbestände unerlaubten Marktverhaltens zum Großteil in unmittelbarer Verbindung mit kartellbehördlichen Eingriffsbefugnissen formuliert. Die materiellen kartellrechtlichen Ge- und Verbotsnormen entfalten hier ihre Wirkung im verfahrensmäßigen Zusammenspiel mit konkretisierenden Behördenentscheidungen, deren Mißachtung durch Bußgeldsanktionen mit Strafcharakter geahndet werden. Wo materielles Kartellrecht mit öffentlichem Kartellverfahrensrecht systematisch verschmolzen ist, verbotenes und verbietbares Verhalten nicht deutlich geschieden wird[4], erwachsen Schwierigkeiten für die Ausbildung des privaten Kartelldeliktsrechts.

Der Privatrechtsschutz gegen Wettbewerbsbeschränkungen, obschon im Kodifikationsmodell vernachlässigt, hat gleichwohl im § 35 GWB ausdrückliche Anerkennung gefunden. Gleichsam in einer Annexregelung eröffnet das Gesetz den Weg zu privater Verfolgung von wettbewerbsbeschränkenden Maßnahmen: Ein Marktteilnehmer erhält das Recht, bei Verletzung einer zu seinem Schutz bestimmten Vorschrift des GWB oder bei Verstößen gegen entsprechende Verfügungen der Kartellbehörde Schadensersatz- oder Unterlassungsansprüche geltend zu machen. Mit dieser rechtspolitisch bedeutsamen Grundentscheidung hat der Gesetzgeber die Tradition zu den legislativen Vorläufern, den Dekartellierungsverordnungen[5], gebrochen, die sich in ihrer Substanz als

---
[3] *Rittner*, Wirtschaftsrecht § 16 B 3 b; *K. Schmidt*, Kartellverfahrensrecht — Kartellverwaltungsrecht — Bürgerliches Recht (1977), S. 8 ff.
[4] Wie z.B. bei §§ 18 und 22 GWB.
[5] VO gegen Mißbrauch wirtschaftlicher Machtstellungen vom 2.11.1923 (RGBl. I, S. 1067); Gesetz 56 der amerikanischen Militärregierung vom 1.4.1947, VO 78 der brit. Militärregierung vom 1.4.1947, VO 96 der französischen Militär-

1. Rechtsschutz als dogmatisches und rechtspolitisches Problem

Kartellpolizeirecht verstanden[6], und all den Stimmen eine Absage erteilt, die noch im Zuge der Entstehung des GWB darauf plädierten, eine individuelle Rechtsverfolgung auf der Ebene des Zivilrechts zurückzudrängen[7] und die Befugnisse des einzelnen auf eine Beteiligung am Kartellverwaltungs- bzw. Kartellstrafverfahren zu beschränken. Wohl schwerlich läßt sich die Entscheidung zu Gunsten privater Verfolgungsrechte in Zweifel ziehen, ist sie doch letztlich eine Konsequenz aus der Ordnungsstruktur der liberalen Marktwirtschaft selbst, die das Einzelinteresse als treibende Kraft des Wettbewerbs zugrunde legt. Wenn die Summe der Einzelinitiativen den gesamten Wirtschaftsablauf prägt und das Marktgeschehen steuert, dann ist es nur folgerichtig, dem einzelnen Marktteilnehmer, der durch unzulässige Beschränkung des Wettbewerbs in seiner wirtschaftlichen Betätigungsfreiheit eingeengt ist, auch die entsprechenden Abwehrbefugnisse zu übertragen. Kurzum: die Anerkennung wirksamer privater Rechtsschutzmöglichkeiten gegenüber unzulässiger Bildung und Ausübung von Marktmacht ist Teil der Verwirklichung eigenverantwortlicher Unternehmensbetätigung am Markt.

Ein Blick auf die Rechtspraxis der letzten zwei Jahrzehnte indes lehrt, daß die Möglichkeit, private Schadensersatzforderungen zu stellen, nur kümmerlich genutzt wird. Die dafür gegebene Erklärung, es widerspreche deutschem Unternehmergeist, sich mit Hilfe des ungeliebten Kartellgesetzes noch gegenseitig bekämpfen und bereichern zu wollen[8], besitzt wenig Überzeugungskraft. Die entscheidende Ursache unzulänglicher Entfaltung privater Initiativen gegenüber wettbewerbsbeschränkenden Maßnahmen liegt vornehmlich darin, daß die dogmatischen Grundlagen des privaten Rechtsschutzes nicht hinreichend ausgebildet sind. Die gesetzliche Grundregelung des § 35 GWB, die sich in einer generalklauselartigen Verweisung auf die Verletzung von Schutzgesetzen erschöpft, läßt die Frage, unter welchen konkreten Voraussetzungen zivile Ansprüche geltend gemacht werden können, weitgehend offen, und verlagert somit die Aufgabe, individuelle Schutzrechte eines Marktteilnehmers gegenüber Marktverstößen Dritter zu ermitteln, auf die Rechtspraxis.

---

regierung vom 9.6.1947 — abgedruckt bei *Rowedder*, Kartellrecht (1954), S. 5 ff., 31 ff. — übernommen als Bundesrecht im Protokoll über die Beendigung des Besatzungsregimes in der Bundesrepublik Deutschland vom 23.10.1954 (BGBl. 1955 II S. 213).

[6] *Isay*, Die Geschichte der Kartellgesetzgebung (1955) S. 272 ff.; *Fikentscher*, Wettbewerb S. 163 ff. (183); *Mailänder*, Privatrechtliche Folgen unerlaubter Kartellpraxis (1964) S. 14 f.

[7] *Ballerstedt*, JZ 1956, 267 ff. (271); *Würdinger*, WuW 1953, 721; *Benisch*, WuW 1956, 483 ff.; *Strickrodt*, WuW 1957, 75 ff.

[8] *Benisch*, FS für Hartmann (1976) S. 37.

b) *Das Schutzgesetzprinzip im Spannungsverhältnis zwischen Privatrechtsschutz und Institutionenschutz*

Die Fassung des Gesetzes legt es nahe, bei den einzelnen Vorschriften des Gesetzes anzusetzen und die Frage nach dem Schutzgesetzcharakter zu stellen.

Methodisch orientiert sich die überkommene Lehre an der Parallelvorschrift des § 823 II BGB[9], die — wie § 35 GWB — auf das Schutzgesetzprinzip rekurriert und für den Bereich des allgemeinen Deliktsrechts den Verstoß gegen ein Verbotsgesetz zur Grundlage eines privaten Schadensersatzanspruches erhebt. Man übernimmt für das GWB das dort entwickelte Verfahren, aus der Masse der Verbotsvorschriften die Schutzgesetze auszusondern, die gerade dazu bestimmt sind, den einzelnen gegen die Verletzung eines Rechtsgutes oder eines anerkannten Rechtsinteresses zu schützen[10], und von denjenigen Rechtsnormen zu scheiden, die ausschließlich den Schutz der Allgemeinheit bezwecken. In gleicher Weise versucht man im Bereich des GWB die Aufstellung eines Katalogs privatrechtsschützender Einzelnormen[11, 12].

---

[9] *v. Gamm*, Kartellrecht § 35 Rdn. 2 u. 3; *Benisch*, in GK, § 35 Rdn. 1; *Schmiedel*, Deliktsobligationen I S. 3 f.; *K. Schmidt*, Kartellverfahrensrecht S. 104 ff., 362 und Aufgaben S. 18; *Mailänder*, Privatrechtliche Folgen S. 169; *Koch*, Schadensersatz S. 13; *Emmerich*, Wirtschaftsrecht S. 306; *Rinck*, FS für Wieacker (1978) S. 481 f.; — and. *M. Leo*, WuW 1959, 486 ff.

[10] *Palandt / Thomas*, BGB, § 823, 9 b, f u. g; *Erman / Drees*, BGB, § 823 Rdz. 130 u. 131; — zur Systematik: *Rödig*, Schutzgesetzverstoß S. 42 ff.; zur Methode: *Schmiedel*, Deliktsobligationen I S. 138 ff. (168 ff., 218 ff.).

[11] Bezeichnend: *Benisch* in GK, GWB, § 35 Rdnr. 4 ff.; Frankfurter Komm., § 35 Rdnr. 14 ff.

[12] Keinen Anklang haben die in der Literatur unternommenen Versuche gefunden, die Schutzinteressen der Marktteilnehmer in subjektive Rahmenrechte (entsprechend § 823 Abs. 1 BGB) einzubinden, und die privaten Abwehr- und Ersatzansprüche gegen verbotenes Marktverhalten vom verletzten Rechtsgut her zu entwickeln (zum Schutzgut der Wettbewerbsfreiheit als absolutes Recht: *Fikentscher*, Wettbewerb und Gewerblicher Rechtsschutz S. 227, 234 ff., 238; — dagegen zutreffend: *Baumbach / Hefermehl*, Wettbewerbsrecht I (12. Aufl. 1978), Allg. Rdz. 50, 88 und Einl. UWG Rdz. 40 ff. (44—46); *Koch*, Schadensersatz S. 57 ff.; *Mailänder*, Privatrechtliche Folgen S. 180 ff.; *K. Schmidt*, Kartellverfahrensrecht S. 350 ff. — Neuerdings für Vertragsfreiheit als deliktisch geschütztes Rechtsgut: *Vollmer*, JA 1979, S. 88 ff.). In der Tat ist ein Übergang vom Schutzgesetzprinzip zum Rechtsgüterschutzprinzip ausgeschlossen. Vertragsfreiheit und Wettbewerbsfreiheit stehen sich nicht — wie Rechte mit festem Zuweisungsgehalt — als ausschließlich geschützte Rechtspositionen der einzelnen Wettbewerber untereinander gegenüber. Die Freiheitsrechte entfalten sich gerade erst in der ausübenden Tätigkeit. Bei konkurrierendem Marktverhalten überlagern sich die Tätigkeiten der Wettbewerber, der Gebrauch wirtschaftlicher Freiheitsrechte bedingt die Überschneidungen mit den Betätigungsfeldern der Konkurrenten. Wirtschaftliche Betätigungsfreiheit wirkt gerade dadurch, daß dem einzelnen kein ausschließliches Betätigungsfeld zugewiesen ist, das sich als abgeschlossene Rechtssphäre beschreiben ließe. Folglich läßt sich deliktisches Verhalten nur von der Angriffshandlung her bestimmen.

1. Rechtsschutz als dogmatisches und rechtspolitisches Problem

Es ist bezeichnend, daß die Übernahme dieser Verfahrensweise einer Normklassifizierung nur in eng begrenztem Rahmen zu eindeutigen Ergebnissen geführt hat. Letztlich unbestritten ist lediglich der Schutzgesetzcharakter des § 26 I und II GWB. Problemlos ist die Vorschrift, weil bereits aus dem Gesetzeswortlaut hervorgeht, daß ein boykottiertes oder diskriminiertes Unternehmen sich privatrechtlich zur Wehr setzen kann[13]. Doch schon beim Druckmittelverbot nach § 25 II und III GWB, das die überwiegende Lehre als Schutznormierung zu Gunsten der Adressaten (der Drohung, des Versprechens oder des Zwangs) anerkennt[14], wird der Individualschutzcharakter gelegentlich in Zweifel gezogen[15]. Im gesamten übrigen Normenbereich des Kartellrechts ist der privatrechtsschützende Charakter der materiellen GWB-Vorschriften heftig umstritten.

Kennzeichnend für diesen Restbestand der kartellrechtlichen Verbote ist der Zuschnitt auf die Verwaltungskontrolle. Die herrschende Lehre[16] will die Entscheidung, ob neben oder unabhängig von kartellbehördlichem Einschreiten gegen Verbotsübertretungen privatrechtliches Vorgehen in Betracht kommt, abstrakt-pauschal danach treffen, ob den Verbotsvorschriften privatrechtsschützende oder institutionsschützende Funktion zukommt: man fragt, ob das Gesetz mit dem Verbot einen individuellen Rechtsschutz bezweckt oder nur die Funktionsfähigkeit der allgemeinen Wettbewerbsordnung sichern will. Doch das Begriffspaar kann schon deshalb allein den Schlüssel zur Lösung des Problems nicht geben, weil privater Rechtsschutz und Institutionsschutz keine Gegensätze darstellen und einander nicht ausschließen[17]:

---

[13] Vgl. *K. Schmidt*, Kartellverfahrensrecht S. 373 f.; Frankfurter Komm., § 35 Rdnr. 40; *Benisch* in GK, § 35 Rdnr. 5 und § 26 Rdnr. 53; *Rasch / Westrick*, GWB § 35 Rz. 2. — Hier stellt sich die Umkehrfrage, ob und inwieweit die Kartellbehörden Verstöße gegen § 26 amtlich verfolgen können; dazu: *Benisch*, FS für Hartmann (1976) S. 41 f.; eingehend zum Streit um die „Subsidiarität" des öffentlich-rechtlichen Drittschutzes: *Soell*, FS für Wahl (1973), S. 439 ff.; *Scholz*, Wirtschaftsaufsicht S. 96 ff.; *K. Schmidt*, Kartellverfahrensrecht S. 599 ff.; BGHZ 51, 61 ff. „Taxiflug" = NJW 1969, 748 = WuW/E BGH 995.
[14] Frankfurter Komm., § 35 Rdnr. 39; *Benisch*, in GK § 25 Rdnr. 12; *Müller / Gries*, GWB § 35 Rdnr. 4; *Rasch / Westrick*, GWB § 35 Rdnr. 2; *Markert*, WRP 1966, 330 ff.; BGHZ 44, 279 ff. = WuW/E BGH 690 „Brotkrieg"; WuW/E BGH 755 „Flaschenbier".
[15] *Schmiedel*, WRP 1966, 61 ff.
[16] Frankfurter Komm., § 35 Rdnr. 10 u. 11; *Benisch* in GK § 35 Rdnr. 4 ff.; *Leo*, WuW 1959, 485 ff.; *Benisch*, WuW 1961, 764 ff.; *v. Gamm*, GWB, Einl. Rdnr. 11; gleichermaßen die Rechtsprechung: BGH GRUR 1974, 283 „Rheinelektra"; WuW/E BGH 291 „Großhändlerverband II"; WuW/E BGH 360 „Gasglühkörper"; WuW/E BGH 168 „Siedlungsgenossenschaft"; WuW/E BGH 259 und st. Rspr. — Berichtend: *Mailänder*, Privatrechtliche Folgen S. 129 ff.
[17] Insoweit zutr. *K. Schmidt*, Kartellverfahrensrecht, S. 319 ff.; *Knöpfle*, NJW 1967 S. 697 ff.

Die Rechtsordnung kann eine rechtliche Institution gerade dadurch schützen, daß sie die Rechtsverfolgung mit der Zuweisung privater Ansprüche in die Hände einzelner legt; umgekehrt werden in der Regel auch Individualinteressen gewahrt, wenn der Staat rechtliche Einrichtungen durch öffentliche Kontrollverfahren absichert. Das Marktordnungsrecht zeichnet sich im wesentlichen dadurch aus, daß sich Allgemeininteressen und Individualinteressen überlagern: das Schutzziel der Erhaltung des Wettbewerbs schließt zugleich die ungehinderte wirtschaftliche Betätigung der einzelnen Marktteilnehmer ein. Bei der Bekämpfung von Wettbewerbsbeschränkungen ist das auf „Erhaltung der Institution des Wettbewerbs als Ordnungseinheit des sozialen Lebens"[18] gerichtete Schutzanliegen unlösbar mit der Wahrnehmung individueller Belange verknüpft.

Daraus ist die Folgerung abzuleiten, daß sich eine Einteilung der materiellrechtlichen Gesetzesvorschriften in Schutzgesetze und Nichtschutzgesetze an Hand der Ermittlung legislatorischer Schutzziele verbietet. Jedenfalls läßt sich eine negative Selektion aus der Erwägung, daß Verbote zur Erhaltung der freien Wettbewerbsordnung ausschließlich Gemeinwohlzielen dienen, nur schwerlich durchführen. Insoweit bietet das Klassifikationsverfahren der herrschenden Lehre keine geeignete Methode zur Bestimmung der Bezugsnormen für § 35 GWB.

c) Ausbildung des Kartelldeliktsrechts als Aufgabe einer Koordinierung von öffentlichem und privatem Rechtsschutzsystem im Ordnungsbereich des GWB

Das Problem der Ermittlung von Grund und Grenzen privater Rechtsverfolgung gegenüber unerlaubtem Wettbewerbsverhalten muß von einer anderen Seite angegangen werden. Nicht der Rechtscharakter einzelner GWB-Normen entscheidet über zivilrechtliche Ansprüche, sondern der Aufgabenkreis, der dem privaten Rechtsschutz bei der Durchsetzung des gesetzlichen Marktordnungskonzepts in Form der Unterbindung wettbewerbsbeschränkender Maßnahmen zugewiesen ist, bestimmt den Anwendungsbereich des § 35 GWB. Maßgeblich ist dabei die ordnungspolitische Rolle, die dem Individualrechtsschutz neben der öffentlich-rechtlichen Marktkontrolle bei der Erhaltung des ungehinderten Wettbewerbs zufällt. Erst über eine programmatische Funktionsbestimmung läßt sich die private Rechtsschutzzone generell umreißen und schließlich nach einer Abstimmung mit dem öffentlich-rechtlichen Marktschutz exakt festlegen.

---

[18] *Baumbach / Hefermehl*, Wettbewerbsrecht Bd. 1 (12. Aufl.) Allg. Rdnr. 88.

aa) Das materielle Kartellrecht als gemeinsame Basis für privaten und öffentlichen Rechtsschutz

Die gemeinsame Grundlage sowohl für den Bereich der öffentlich-rechtlichen Kartellrechtspflege als auch für die privaten Rechtsschutzverfahren bildet das materielle Kartellrecht im engeren Sinne. Es umfaßt den gesamten Bestand kartellgesetzlicher Regelungen, die verbotenes Marktverhalten zum Gegenstand haben. Vom Gesetz untersagt sind die tatbestandsmäßig umschriebenen Maßnahmen der Marktteilnehmer, die auf unerlaubte Wettbewerbsbeschränkungen abzielen. Eingeschlossen in den Kreis der Normen, die ein Marktverhalten untersagen, ist auch das den marktbeherrschenden Unternehmen gesetzlich auferlegte Verbot, ihre Marktüberlegenheit mißbräuchlich auszunutzen.

Die dogmatische Einordnung einer Verbotsnorm in den Bestand des materiellen Kartellrechts hängt nicht von der tatbestandsmäßigen Abfassung des gesetzlichen Verbotes ab; auch bleibt bei der Zuordnung zum materiellen Regelungskomplex außer Betracht, in welchem Sachzusammenhang eine Regelung über unerlaubtes Marktverhalten auftritt und welche Rechtsfolgen jeweils an das Verbot geknüpft sind. Unterschiedliche Verbotssanktionen — wie z.B. die Anordnung der Nichtigkeitsfolge in den §§ 1, 15, 20, 21 GWB oder das Einbinden des materiellen Verbotes in öffentliche Kontrollverfahren bei den §§ 18, 22 GWB — haben ihre besondere Bedeutung nur für den kartellbehördlichen Aufgabenkreis[19], bewirken aber keine Unterschiedenheit im Hinblick auf das materiellrechtlich zugrunde liegende Verbot[20]. Daß unbeschadet der Technik der tatbestandlichen Verknüpfungen im GWB und unabhängig von der Systematisierung der Tatbestände das unerlaubte Marktverhalten einheitlich den materiellrechtlichen Geltungsbereich des Rechts gegen Wettbewerbsbeschränkungen kennzeichnet, findet seine Erklärung aus seiner Funktion im Rahmen der geltenden Wirtschaftsordnung: Privatautonome Entscheidungen der Wirtschaftsträger bestimmen das Wettbewerbsverhalten am Markt, und es ist Aufgabe des positiven Rechts, bestimmte Privatrechtsakte, die es als wettbewerbsschädlich einstuft, in materiell-rechtlichen Verbotstatbeständen festzulegen.

Unergiebig ist die Frage nach der Rechtsnatur der dem GWB zugrunde liegenden Verbote[21]. Man mag sie dem traditionellen Zivilrecht zuordnen,

---

[19] So sind aus der rechtstechnischen Einteilung der GWB-Vorschriften durch *Spengler* (Tatbestandsmäßigkeit S. 25 ff.) in drei Kategorien — Eingriffs-, Unrechts- und Rechtsschutzverweigerungstatbestände — keine weiterreichenden Folgerungen für die Rechtsschutzfragen abzuleiten. Beispielhaft zur Funktion der Tatbestandsabfassung des § 1: *Rittner*, Wirtschaftsrecht, § 18 A II.

[20] Zum Grundverständnis des Rechts gegen Wettbewerbsbeschränkungen als „ein Recht der Verbote und Verbotssanktionen" zutreffend K. *Schmidt*, Kartellverfahrensrecht S. 8 ff.

weil sie sich gegen wirtschaftsrechtliche Verhaltensweisen richten, die im privaten Wirtschaftsverkehr über zivile Rechtsformen ablaufen[22], man mag sie dem öffentlichen Recht zuweisen, weil Verwaltungsbehörden zu ihrer Durchsetzung berufen sind[23]. Die rechtliche Einordnung trägt zur Frage nach Grund und Grenzen des Privatrechtsschutzes nichts bei. Innerhalb der unterschiedlichen Rechtsschutzverfahren entfalten die einheitlich objektivrechtlichen Verbotsnormen eine unterschiedliche Funktion: Im kartellbehördlichen Verfahren dienen sie als Rechtsgrundlage für öffentlich-rechtliche Eingriffe; als solche sind sie nach der Gesetzesintention konzipiert. Inwieweit die Verbote als Rechtsgrundlage für private Schadensersatz- oder Unterlassungsansprüche herangezogen werden können, kann von einer förmlichen Bestimmung des Normcharakters nicht abhängen.

bb) Die maßgeblichen Grundsätze einer rechtsfortbildenden Veranlagung des privaten Rechtsschutzes

Das doppelte Schutzziel — Individualschutz und Marktordnungsschutz —, das die Verbotsnormen im Kernbereich des materiellen GWB-Rechts anpeilen, läßt prinzipiell auch eine Reaktion auf Verstöße in zwei verschiedenen Ebenen denkbar erscheinen: Zum einen die Durchsetzung der Marktordnungsregeln über das Instrumentarium, das den Kartellaufsichtsbehörden zur Hand gegeben ist, zum anderen die Verfolgung der Privatinteressen durch die unter dem Schutz der Marktordnung Wirtschaftenden über den privatrechtlichen Weg zivilistischer Abwehr- und Schadensersatzansprüche. Beide Wege der Rechtsverfolgung sind unabhängig voneinander im Gesetz angelegt. Sieht man im materiellen Kartellrecht in Form der Verbotsumschreibungen die einheitliche Grundlage für beide Schutzverfahren, so weist das positive Recht lediglich in seiner äußerlichen Schwerpunktbildung eine Unterscheidung auf: die Ahndung von Gebotsübertretungen in Form kartellbehördlichen Einschreitens ist in der Legalordnung ausführlich beschrieben, während das Kodifikationsmodell die Voraussetzungen privater Reaktionsmöglichkeiten de lege lata nur grob umreißt und damit die exakte Festlegung des privaten Rechtsschutzes einer institutionellen Rechtsfortbildung anheimstellt.

Vor allem läßt der generalklauselartige Verweis in § 35 GWB von Gesetzes wegen die Grundentscheidung offen, in welcher Breite der

---

[21] Näheres zur Einordnung des Rechts gegen Wettbewerbsbeschränkungen als öffentliches Recht oder privates Deliktsrecht bei *K. Schmidt*, Kartellverfahrensrecht S. 88 ff.; auch: Frankfurter Komm., Einl. D Rdnr. 39 ff.; *Rinck*, Wirtschaftsrecht S. 5 ff.; *Rittner*, Wirtschaftsrecht § 16 B 5.

[22] Vgl. *Koch*, Schadensersatz S. 117; *Fikentscher*, Wettbewerb S. 241; *Mestmäcker*, AcP 168 (1968) S. 244 ff.

[23] *v. Köhler*, DB 1969, 1829 ff. und VerwArch 54 (1963) S. 262 ff.

1. Rechtsschutz als dogmatisches und rechtspolitisches Problem

Individualrechtsschutz angelegt werden soll. Sie bestimmt aber als Vorfrage maßgeblich das dogmatische Arbeitsfeld. Wesentlich ist hier die Erkenntnis, daß sich die Entscheidung über den Ordnungsrahmen, in dem der private Rechtsschutz angesiedelt werden soll, nicht mit exegetischen Mitteln der Gesetzesauslegung fällen läßt. Jenseits aller Dogmatik ist vorab zu überlegen, ob ein großzügiger Ausbau der privaten Rechtsverfolgung gegenüber kartellgesetzwidrigem Verhalten von Marktbeteiligten opportun und wünschenswert erscheint. Hier spielen maßgeblich rechtspolitische Erwägungen eine Rolle, die als solche stets auch ein anfechtbares Bekenntnis mitenthalten. Unter rechtspolitischer Sicht wäre ein Marktschutzkonzept, das die Einhaltung der Wettbewerbsregeln über eine öffentlich-rechtliche Kontrollinstanz überwacht und private Rechtsverhältnisse gegen Marktverstöße auf ein Minimum reduziert, durchaus vertretbar; der Gesetzgeber kann sich ohne weiteres für eine Begrenzung privater Rechtsbehelfe entscheiden. Dem geltenden Gesetz gegen Wettbewerbsbeschränkungen jedoch sind Anhaltspunkte für eine tendenzielle Verengung des Privatrechtsschutzes nicht zu entnehmen. Die dürftige Ausgestaltung der privaten Schutzkomponente impliziert keinerlei Vorbewertung über das zulässige Ausmaß individueller Rechtsverfolgung. Schwerlich läßt sich deshalb die Schwerpunktregelung des öffentlich-rechtlichen Marktschutzes als Beleg dafür heranziehen, daß der Gesetzgeber den verwaltungsrechtlichen Zuständigkeiten einen gewissen Vorrang vor den zivilrechtlichen eingeräumt habe, der eine Durchsetzungskonkurrenz materieller Gebotsnormen auf der privaten Ebene a limine begrenzt[24]. Prinzipiell ist das Gesetz von seiner Anlage her auch für einen großzügigen Ausbau der privaten Rechtsbehelfe durchaus offen.

Verschiedene Gesichtspunkte sprechen dafür, den zivilen Rechtsschutz gegen wettbewerbsbeschränkendes Verhalten unbeschadet der kartellbehördlichen Verfolgung auf verbreiteter Plattform zu entfalten. Das Marktordnungsmodell des freien Wettbewerbs, den das Gesetz gegen Wettbewerbsbeschränkungen zu fördern und zu erhalten trachtet, wird von Einzelinitiativen getragen und von autonomen Entscheidungen der einzelnen Marktteilnehmer gesteuert. Der Grundvorstellung einer privaten und wettbewerbsgelenkten Wirtschaft entspricht es eher, einer eigenverantwortlichen Rechtswahrung möglichst freien Raum zu lassen, wenn ein Marktteilnehmer durch unzulässige wettbewerbsverfälschende Maßnahmen Dritter Schaden erleidet[25]. Der individualrechtliche Ordnungszweck des Gesetzes kann letztlich nur durch einen wirksamen

---

[24] Vgl. *Leo*, WuW 1959, 485 ff.
[25] Dies ist — zutreffend — der gemeinsame Tenor der Autoren, die für einen großzügigen Privatrechtsschutz im Kartellrecht eintreten: *Mailänder*, Privatrechtliche Folgen S. 10; *Koch*, Schadensersatz S. 40 ff.; *Fikentscher*, BB 1956, 793 ff.

18   1. Kap.: Die Rechtsgrundlagen des privaten Rechtsschutzes

Privatrechtsschutz zur vollen Entfaltung gebracht werden. Kurzum: die Gründe, die zur Aufnahme privaten Rechtsschutzes in das Gesetz veranlaßt haben[26], erweisen ihre prinzipielle Relevanz auch für eine Konzeption, die der privaten Rechtsverfolgung breiten Raum läßt.

Die grundsätzlichen Erwägungen lassen sich durch praktische Überlegungen erhärten. Die öffentliche Marktkontrolle läßt Rechtsschutzlücken entstehen, zu deren Ausfüllung ein erweiterter Privatrechtsschutz dringend geboten erscheint. Das wird deutlich, wenn man den Aufgabenkreis der Kartellbehörden in den Blick nimmt. Der öffentliche Aktionsradius erfaßt Tätigkeiten unterschiedlicher Art, die von wirtschaftslenkenden Ausnahmegenehmigungen, Kontrollaufträgen und Eingriffsbefugnissen bis hin zur Festsetzung von Bußgeldern reichen. Angesichts der breitgefächerten Aufgabenbereiche muß die staatliche Kontrolle Schwerpunkte setzen; sie muß ihr Augenmerk auf schwerwiegende Wettbewerbsverstöße konzentrieren, bei denen die Gemeinwohlinteressen in besonderem Maße berührt werden. Das bedeutet zwar nicht, daß staatliches Maßnahmerecht nur den Gemeinwohlinteressen dient und Individualinteressen völlig unberücksichtigt läßt, — insoweit enthält die formelhafte antithetische Gegenüberstellung von Institutionsschutz und Individualschutz eine unzulängliche und unzutreffende Differenzierung der gesetzlichen Schutzziele; selbstverständlich dienen die Eingriffe auch den Individualinteressen der einzelnen Marktteilnehmer, die von unzulässiger Wettbewerbsbeschränkung betroffen werden. Jedoch muß sich die staatliche Kontrollbehörde bei der Wahrnehmung ihrer Aufgaben nicht schlechthin an konkreter Verletzung eines Individualinteresses orientieren. Die Kartellbehörden sind bei der Entfaltung ihrer Initiativen nicht gebunden und können folglich Einzelrechtsverletzungen ignorieren, wenn sie die Gesetzesübertretung für die gesamte Marktentwicklung nicht als folgenschwer erachten. Im Prinzip ist der staatlichen Wirtschaftsaufsicht ein weites Aufgreifermessen zugestanden, das ihr erlaubt, operatives Einschreiten von einer rechtspolitischen Würdigung wettbewerbsbeschränkender Maßnahmen im Hinblick auf die Auswirkungen auf den gesamten Wirtschaftsprozeß abhängig zu machen[27].

---

[26] s.o. zu 1 a. (S. 11).

[27] *Emmerich*, Wettbewerbsrecht S. 126 und Der Wettbewerb der öffentlichen Hand S. 46; *Rittner*, Wirtschaftsrecht § 16 C 3 und FS für Heinz Kaufmann (1972), S. 307 ff.; *Möschel*, Oligopolmißbrauch S. 209 ff. und NJW 1975 S. 757; *K. Schmidt*, Kartellverfahrensrecht S. 253 f. und 592 ff. Freilich zieht die Literatur aus dem Opportunitätsprinzip unterschiedliche Folgerungen: Während man z.T. für eine Abschaffung (*K. Schmidt*, Kartellverfahrensrecht S. 594 ff.) oder eine Einschränkung (*Möschel*, NJW 1975, 757) eintritt, sehen andere (z.B. *Mertens*, AcP 178 [1978] S. 259 f.) im Handlungsfreiraum der Kartellbehörden gerade einen Vorzug der öffentlich-rechtlichen Wirtschaftskontrolle. Während einige Autoren das Opportunitätsprinzip als Argument für eine Erweiterung des privaten Rechtsschutzes heranziehen (*Möschel*, NJW 1975, S. 757 und Oli-

1. Rechtsschutz als dogmatisches und rechtspolitisches Problem

Und schließlich dürfen die Kartellbehörden auch dann, wenn sie Mißstände aufgreifen, von einer Maßregelung in Form von Verbotsverfügungen Abstand nehmen und statt dessen auf eine Beseitigung der Marktstörung im Wege des Verhandelns und des Arrangements mit den beteiligten Unternehmen hinwirken[28]. Hierbei können sie konkretes Einzelfallunrecht außer Betracht lassen.

Der dem öffentlichen Maßnahmerecht vorgegebene Handlungsfreiraum bei der Verfolgung von Wettbewerbsverstößen hinterläßt zwangsläufig Lücken im Bereich des Individualschutzes. Der neuerdings in die Diskussion eingebrachte Vorschlag, den Individualbetroffenen de lege ferenda einen verstärkten Einfluß auf die Einhaltung und Durchführung des Verwaltungsverfahrens einzuräumen — etwa in Form eines subjektiv öffentlichen Rechts auf Einschreiten der Behörde und eines Rechts auf Verfahrensbeteiligung[29] —, bietet nicht den geeigneten Weg zur Lückenfüllung. Die Verstärkung des Drittschutzes auf der öffentlichrechtlichen Ebene hätte eine weitreichende Behinderung der staatlichen Marktverwaltung zur Folge; sie läßt zudem befürchten, daß die Schwerpunkttätigkeit der Kartellbehörden in ihrer Ausrichtung auf die gesamtwirtschaftlichen Belange unerwünschten Bindungen an Privatinteressen verfällt[30]. Praktikabel und sinnvoll läßt sich das Rechtsschutzdefizit im staatlichen Kontrollbereich nur durch weitgehende Zugeständnisse an eine unabhängige Individualrechtsverfolgung auf der Ebene des privaten Kartelldeliktsrechts abbauen.

Bedenken grundsätzlicher Art, die gegen eine breite Anlage des Privatrechtsschutzes im Kartellrecht vorgetragen werden, sind nicht hoch zu veranschlagen. So gibt die Befürchtung, die Ausstrahlung verbotener Wettbewerbsmaßnahmen auf eine unübersehbare Zahl individualbetroffener Marktteilnehmer könnte eine Lawine von Prozessen auslösen und die Ziviljustiz überlasten[31], keinen zureichenden Grund für eine Rechtsschutzbeschränkung. Das verfahrensrechtliche Institut einer Prozeßbündelung (vgl. auch § 88 GWB) bietet die Möglichkeit zu einheitlicher Klärung der Privatrechtsansprüche in einem Prozeß. Die gesetzliche Verankerung einer Zuständigkeitsübertragung für bürgerlichrechtliche Streitigkeiten auf ein Landgericht innerhalb eines Bundeslandes gem. § 89 GWB vermag einer Streuung zusammenhängender

---

gopolmißbrauch S. 210; *Mertens*, AcP 178 [1978] S. 259 f.), wird von anderen das Opportunitätsprinzip als Argument gegen die private Rechtsverfolgung angeführt (vgl. *Richardi*, AcP 168 [1968] S. 324).

[28] Vgl. die Hinweise bei *Rittner*, WuW 1969, S. 74.
[29] *K. Schmidt*, Kartellverfahrensrecht S. 417 ff., 592 ff.; *Blanke*, Der Anspruch auf Eingreifen der Kartellbehörde (1974); *Malzer*, DB 1972 S. 1955 ff.
[30] Zutr.: *Mertens*, AcP 178 (1978) S. 259 f.; *Steindorff*, ZHR 138 (1974) S. 525 f.
[31] So *Ballerstedt*, JZ 1956, 267 (268); *Buxbaum*, Die private Klage (1972) S. 52.

Prozesse wirkungsvoll zu begegnen. Und schließlich ist auch kaum zu erwarten, daß eine Vielzahl geringfügiger Verstöße ohne große Negativwirkungen vor die Gerichte getragen wird[32]; dem widerspräche schon die praktische wirtschaftliche Vernunft: man darf erwarten, daß die nüchtern kalkulierenden Wirtschaftsunternehmen sich scheuen werden, aufwendige und kostspielige Prozesse für nur mäßigen privaten Nutzen zu führen.

Ein weiterer Einwand betont den Aspekt, daß sich die Entscheidungen über Wettbewerbsbeschränkungen häufig erst aufgrund einer umfassenden Klärung der Marktverhältnisse und einer ebenso umfassenden Berücksichtigung vielfältiger Interessen treffen lassen, die vernünftigerweise nur von der Kartellbehörde geleistet werden könnte[33]. Auch dieses Argument vermag nicht zu überzeugen. Ein Gesetz, das das Marktverhalten der Einzelteilnehmer regelt, müßte so abgefaßt sein, daß die Beteiligten die Verbotsgrenzen erkennen können. Folglich muß es auch im Prozeß überprüfbar sein[34]. In der Regel steht denn auch bei Einzelsachverhalten, auf die sich der branchenerfahrene Kläger bei der Verfolgung seiner Rechte stützt, nur ein Ausschnitt konkreter Marktverstöße im Blickfeld des zivilen Streites. Darüber entscheidet der Zivilrichter anhand der beigebrachten[35] Tatsachen. Sind ausnahmsweise komplexe Marktverhältnisse zu würdigen, hilft die Beiziehung von Gutachten. Da die Kartellstreitigkeiten bei bestimmten Gerichten konzentriert sind (§§ 87, 89, 92, 93, 95, 96 GWB), kann man davon ausgehen, daß die Richtergremien auch über die erforderliche Sachkunde verfügen[36].

Das hier vertretene Grundkonzept einer breit angelegten privaten Rechtsschutzzone hat den Vorzug, daß bei der dogmatischen Zuordnung der Bezugstatbestände für § 35 GWB über die Schutzgesetzeigenschaft materieller Verbotsnormen prinzipiell vorentschieden ist. Von hier aus geht es nicht mehr um eine positive Begründung zugunsten der privaten Rechtsverfolgung von Verstößen zum Schutz der Wettbewerbsteilnehmer. Vielmehr ist bei grundsätzlich positiver Vorbewertung methodisch die Frage nach ihrer Begrenzung zu stellen.

Von zwei Richtungen her sind Schranken zu ziehen:

Zum einen folgt eine Einschränkung der privaten Rechtsverfolgung aus den immanenten Schutzzwecken des privaten Deliktrechts, das auf

---

[32] Die Bedenken klingen an bei *Mailänder*, Privatrechtliche Folgen S. 13 f.
[33] *Ballerstedt*, FS für Hefermehl (1976), S. 55 und JZ 1956, 271.
[34] Zutr. der Hinweis bei *Rittner*, Wirtschaftsrecht, § 16 C II 1 b mit Verweis auf BGH NJW 1975, 1282 = WuW/E BGH 1345 „Polyester Grundstoffe".
[35] Zur Darlegungslast: *K. Schmidt*, Aufgaben S. 111. Allg. zum Verfahren in Kartellsachen: *F. Baur*, ZZP 72 (1959), 3 ff.
[36] Zur Frage der Überforderung des Zivilrichters: *K. Schmidt*, Aufgaben S. 103; *Ullrich*, Mitarbeiterfestschrift für E. Ulmer (1973) S. 523.

1. Rechtsschutz als dogmatisches und rechtspolitisches Problem 21

Ausgleich und nicht auf Verhaltenskontrolle angelegt ist. Das Zivilrecht schützt den einzelnen lediglich gegen Übergriffe oder negative Einwirkungen auf die individuelle Rechtssphäre; das Schutzanliegen der privaten Rechtsverfolgung erschöpft sich in der Wahrnehmung der Eigeninteressen. Deshalb gehört zur Anspruchsberechtigung eine rechtserhebliche Betroffenheit des Anspruchsstellers. Die Befugnis zu privater Rechtsdurchsetzung kommt dem privaten Wettbewerbsteilnehmer nur dann zu, wenn er im Einzelfall das Anspruchsziel verfolgt, schädigende Auswirkungen unerlaubter Wirtschaftspraktiken auf seinen Individualbereich restitutiv zu beseitigen oder präventiv drohende Rechtsnachteile abzuwehren. Negativ ausgedrückt: private Rechtsbehelfe können nicht als Mittel eingesetzt werden, Verstöße zum Schutze der Wettbewerbsordnung im Allgemeininteresse zu unterbinden.

Von daher ist das aufgestellte Postulat, die Beteiligung Privater an der Verfolgung von Wettbewerbsverstößen sei im allgemeinen Interesse erwünscht und notwendig[37], zu weitgehend; gleichermaßen bedenklich erscheint die Formulierung, in Anbetracht der Konformität von Einzel- und Allgemeininteressen sei es sinnvoll, auch öffentliche Interessen mit Mitteln des Privatrechts wahrzunehmen[38]. Solche Wendungen legen den Gedanken nahe, es gehe bei einer Verbreiterung des privaten Rechtsschutzes um eine Verstärkung des Marktschutzes im allgemeinen. Die Funktion des privaten Verfolgungsrechts wäre damit verkannt. Allgemeinbelange sind gerade nicht Gegenstand privater Klagen. Sie werden auch nicht um einer generellen Präventivwirkung[39] willen zugelassen. Dabei wird nicht übersehen, daß dem privaten Kartelldeliktsrecht — wie überhaupt dem Deliktsschutz — auch eine generelle Präventivwirkung zu eigen ist: Die Gefahr, ersatzpflichtig zu werden, gibt gewiß ein Motiv, die gesetzlichen Gebote einzuhalten. Diese allgemeine, dem Schadensersatzrecht immanente Präventivfunktion[40] ließe sich unter rechtspolitischen Aspekten gewiß auch verschärfen — sei es durch drakonische Erhöhung der Ersatzleistungen in Form des Mehrfachschadens[41], sei es durch Erstreckung der privaten Klagerechte auf nicht unmittelbar betroffene Marktteilnehmer. Ohne Zweifel ließe sich

---

[37] *Mailänder*, Privatrechtliche Folgen S. 13; ähnlich *Emmerich*, ZHR 140 (1976) S. 115, der für eine Erweiterung des privaten Rechtsschutzes im Bereich des § 22 GWB zur Verstärkung der Marktkontrolle eintritt.

[38] *Mailänder*, Privatrechtliche Folgen S. 13 Fn. 41 mit Hinweis auf *Hefermehl*, FS für Nipperdey S. 288.

[39] Zur Präventivwirkung der Schadensersatzdrohung für das Kartelldeliktsrecht eingehend *K. Schmidt*, Kartellverfahrensrecht S. 326 ff.

[40] Vgl. dazu *Larenz*, NJW 1959, S. 856 ff.

[41] Für die Einführung des Mehrfach-Schadensersatzes nach dem Vorbild des amerikanischen Rechts: *Ingo Schmidt*, Wettbewerbspolitik S. 388 ff.; mit Einschränkung auch *Steindorff*, ZHR 138 (1974) S. 504, 518; — dagegen *Mailänder*, Privatrechtliche Folgen S. 96 f.; *K. Schmidt*, Kartellverfahrensrecht S. 330 ff.

auf diesem Wege das Kartelldeliktsrecht als Mittel der Verhaltenssteuerung einsetzen. Doch dann würde man die Rolle des privaten Klägers ändern; er würde zum Sachwalter der Allgemeininteressen bestellt. Die Verwaltung der öffentlich-rechtlichen Marktbelange obliegt aber nach deutschem Kartellrecht den staatlichen Verfolgungsbehörden. In Anbetracht des ausgeprägten öffentlich-rechtlichen Marktschutzes ist ein rechtspolitisches Bedürfnis für eine Funktionserweiterung des privaten Deliktsrechts nicht erkennbar. Nur dann, wenn man die unterschiedlichen Aufgabenkreise einer öffentlichen Wettbewerbskontrolle gegenüber der privaten Rechtsverfolgung beachtet, steuert man der Gefahr, die beiden Aktionsfelder in unliebsame Konkurrenz zueinander zu setzen. Die Individualbeeinträchtigung kennzeichnet Grund und Grenzen des privaten Rechtsschutzes im Kartellrecht.

Eine zweite grundsätzliche Begrenzung erfährt die zivile Rechtsschutzzone aus einer institutionellen Betrachtung des öffentlichen Marktschutzes. Nach der Intention des Gesetzes können bestimmte Kontrollbereiche der ausschließlichen Prüfungs- und Entscheidungskompetenz der Kartellbehörden unterliegen; sie sind dann der Einwirkung von Privatpersonen entzogen. Solche Zuständigkeitsreservate bestehen für bestimmte Sachbereiche, wenn das Gesetz als Steuerungsinstrument fungiert und die Durchsetzung rechts- und wirtschaftspolitischer Ziele staatlichen Instanzen als Lenkungsorganen anvertraut[42]. Hier entfaltet sich eine Dimension des Gesetzes, die dem auf Ausgleich angelegten Zivilrecht nicht eignet.

Sie zeigt sich im Bereich der Kartellkontrolle. Die Ausnahmetatbestände und Erlaubnisvorbehalte der §§ 3 ff. GWB, die das prinzipielle Kartellierungsverbot durchlöchern, dienen als Steuerungsinstrumente zur Durchsetzung eines wettbewerbspolitischen Konzepts. Rechtsanwendung ist hier zugleich praktisch verwirklichte Wirtschaftspolitik. Das Gesetz bezeichnet die Voraussetzungen für die Freistellung vom Kartellverbot und legitimiert die Kartellbehörden, die Kartellerlaubnis durch Verwaltungsakt mit verbindlicher Wirkung inter omnes auszusprechen. Die Freistellungsentscheidung der zuständigen Behörde — mag sie auch fehlerhaft sein — entfaltet Bindungswirkungen[43]; sie kann von Wettbewerbern und anderen Marktteilnehmern im zivilen Rechtsstreit nicht angegriffen werden[44]. Zum Operationsfeld der Kartellbehörden gehört

---

[42] Zum Wirtschaftsgesetz als „Maßnahmegesetz" *Futter*, Festgabe für Esser (1975) S. 37 ff.; *Ballerstedt*, FS für Schmidt-Rimpler (1957) S. 369 ff.; *Steindorff*, FS für Larenz (1973) S. 217 ff.

[43] Eingehend zum Problem der „Bindung an Rechtsfolgeanordnungen kraft Verfahrens" *K. Schmidt*, Kartellverfahrensrecht S. 192 ff.; vgl. ferner: *Soell*, FS für Wahl S. 439 ff. (448 f.) und allgemein: *Jesch*, Bindung des Zivilrechts an Verwaltungsakte (1956).

[44] Die abweichende (zwischen Ausnahmetatbeständen und Erlaubnistatbe-

1. Rechtsschutz als dogmatisches und rechtspolitisches Problem

der gesamte Komplex der Kartellfreistellung, eingeschlossen die Überwachung der zugelassenen Kartelle auf Einhaltung der vom Gesetz gezogenen Zulässigkeitsschranken über §§ 3 IV, 11 III, 12 GWB[45]. Solange die Behörde als ausschließliche Kontrollinstanz nicht eingreift, müssen Dritte das einmal zugelassene Kartell hinnehmen und können folglich private Ansprüche nicht auf eine unzulässig horizontale Wettbewerbsbeschränkung stützen.

Gemäß dem Prinzip, daß im Bereich des privaten Deliktsschutzes übergreifende Lenkungsziele nicht verfolgt werden, fällt auch das Verfahren beim Zusammenschluß von Unternehmen einschließlich der Fusionskontrolle gemäß §§ 23 ff. GWB in den staatlichen Kompetenzbereich; hier praktizieren die Kartellbehörden Marktpolitik im gesamtwirtschaftlichen Interesse. Außerhalb des öffentlich-rechtlichen Kontrollverfahrens bleibt die Verfolgung privater Interessen ausgeschlossen[46].

Bestimmte Regeln des GWB gehören kraft Sachzusammenhangs in die Sphäre der öffentlichen Marktkontrolle. Gebotsnormen, die in einem unauflösbaren Zusammenhang zum behördlichen Kartellverfahren stehen und verfahrensinterne Verpflichtungen nur im Verhältnis zur Kartellbehörde begründen, sind Funktionsteile des gesetzlichen Instrumentariums zur wirtschaftsbehördlichen Kartellaufsicht; sie müssen als Bezugsnormen für § 35 GWB ausscheiden. Dazu gehören namentlich die durch § 39 GWB sanktionierten Ge- und Verbote[47], gesetzlich statuierte Anmeldepflichten (§§ 9 II 3, 100 I 2, 106 III GWB), sowie Anzeige- und Auskunftspflichten (§§ 23 I—IV, 38 a IV, 46 GWB). Die Schutzzielrichtung dieser Bestimmungen schließt den unmittelbaren Schutz eines Marktteilnehmers nicht ein; für privatrechtliche Sanktionen bleibt hier kein Raum.

Schließlich überläßt das GWB in verschiedenen Einzelregelungen den Kartellbehörden die Entscheidung über Erlaubnisgrenzen, die sich nur anhand einer Folgebewertung komplexer Marktsachverhalte treffen läßt. Knüpft das Gesetz bei der Abfassung materieller Eingriffsbefugnisse an gesamtwirtschaftliche Auswirkungen an und kann die Beurteilung wettbewerbsschädigender Folgen eines prinzipiell erlaubten Markt-

---

ständen unterscheidende) Konzeption von *Koch* (Schadensersatz S. 105 ff.) übersieht den hier herausgestellten Gesichtspunkt eines Zuständigkeitsreservates für die Kartellbehörden. Ausführlich zu diesem Fragenkreis: K. *Schmidt*, Kartellverfahrensrecht S. 255 ff.

[45] Zur Mißbrauchsüberwachung: *Henning*, NJW 1968, 573 ff. und WuW 1969, 434 ff.

[46] Im Ergebnis wohl unbestritten — vgl. Frankfurter Komm., GWB § 35 Rdn. 38.

[47] Vgl. Frankfurter Komm., GWB § 35 Rdn. 56; *Benisch*, in GK § 35 Rdn. 16; *Müller / Giessler*, GWB § 35 Rdn. 35; K. *Schmidt*, Kartellverfahrensrecht S. 376 f.

1. Kap.: Die Rechtsgrundlagen des privaten Rechtsschutzes

verhaltens nur über eine Marktanalyse unter Berücksichtigung unterschiedlicher und weitgestreuter Gruppeninteressen ermittelt werden, so kann die Feststellung der Erlaubnisgrenzen als Maßnahme der Wirtschaftslenkung im Gesamtinteresse einer kartellbehördlichen Entscheidung vorbehalten sein.

So enthält anerkanntermaßen § 17 I Nr. 2 GWB ein Feststellungsprivileg der Kartellbehörde; ihr allein steht die Kompetenz zur Aufhebung einer gemäß § 16 GWB praktizierten Preisbindung zu[48]. Gleiches gilt für die Verbotsentscheidung nach § 38 a III GWB[49]. Maßgebend für die Zulassungsgrenzen der gemäß § 38 a I GWB an sich erlaubten „unverbindlichen Preisempfehlungen" für Markenwaren ist die wettbewerbspolitische Einschätzung ihrer Auswirkungen auf den Gesamtmarkt; die Beurteilung fällt in die Zuständigkeit der staatlichen Wirtschaftsaufsicht. Privater Rechtsschutz kann hier erst auf der Grundlage einer kartellbehördlichen Verfügung ansetzen.

Für die Kontrollbereiche der §§ 17 I Nr. 2 und 38 a III GWB ist das Entscheidungsprivileg der Kartellbehörden weitgehend anerkannt. Ob das staatliche Kontroll- und Lenkungsmonopol noch in anderen gesetzlich regulierten Operationsfeldern der Kartellbehörden Geltung beanspruchen kann, läßt sich nicht mehr so eindeutig beurteilen. Die Reichweite einer Ausschließlichkeitskompetenz der öffentlichen Kontrollorgane zählt zu den schwierigsten Problemfragen des privaten Kartelldeliktsrechts. Das zeigt die äußerst kontroverse Handhabung der Individualschutzrechte im Anwendungsbereich der §§ 18 und 22 GWB[50]. Inwieweit hier der Privatrechtsschutz weichen muß, ist nicht mehr anhand traditioneller Normanwendungstechnik durch bloße Subsumtion auszumachen. Die privatrechtsverdrängenden Handlungsfreiräume der Kartellbehörden lassen sich nur ausmessen, wenn man den Ordnungsgehalt der materiellen Verbotsnormen unter Einbeziehung ihrer wirtschaftspolitischen Relevanz für das gesetzliche Marktschutzkonzept ermittelt. Es kommt darauf an, die Bedeutung der Kontrollmaßnahmen für die marktpolitische Steuerung und ihren Einfluß auf die Privatrechtsbeziehungen zu erfassen, um alsdann die Erfordernisse öffentlich-rechtlicher Sanktionsvorbehalte mit privaten Rechtsschutzbedürfnissen in Abstimmung zu bringen.

---

[48] Vgl. Frankfurter Komm., § 35 Rdn. 33; *Müller / Giessler*, GWB § 35 Rdn. 14; *K. Schmidt*, Kartellverfahrensrecht S. 231 ff. und 376 f. und Aufgaben S. 68 f.; — a.A. wohl *Tilmann*, ZHR 141 (1977) 42 f.
[49] Vgl. dazu *Belke*, ZHR 138 (1974) S. 437 ff.; *K. Schmidt*, Aufgaben S. 68; *Ehle*, DB 1963, 611 ff.
[50] Einzelheiten im Zweiten Kapitel sub B 2 und C.

2. Zusammenfassung

Die Zone des privaten Rechtsschutzes gegenüber Wettbewerbsverstößen nach dem GWB ist — trotz grundsätzlicher Entscheidung für eine private Rechtsverfolgung in § 35 GWB — gesetzlich nicht eindeutig festgelegt. Die herrschende Lehre bestimmt die Bezugsnormen für § 35 GWB anhand einer generellen Schutzzweckbetrachtung, indem sie die einzelnen Gesetzesbestimmungen daraufhin überprüft, ob ein gesetzliches Verbot nur die Marktordnung als Institution oder auch die Privatinteressen einzelner Marktteilnehmer zu schützen trachtet. Dieses Normanwendungsverfahren eignet sich im Anwendungsbereich des GWB nicht für die Tatbestandsbildung privater Deliktsansprüche, weil der Institutionsschutz grundsätzlich den Individualschutz von Privatpersonen mit einschließt. Eine abstrakt-generelle Differenzierung nach individualschützenden und ausschließlich marktschützenden Verbotsnormen läßt sich ohne Willkür nicht durchführen.

Die hier vorgezeichnete Alternative versucht methodisch, den privaten Rechtsschutzbereich im Wege einer Vorbewertung anhand rechtspolitischer Grundsatzerwägungen generell abzustecken. Sie ergeben ein Votum für einen breit angelegten Privatrechtsschutz. Von diesem Ansatz her ist zu fragen nach den notwendigen Einschränkungen privater Rechtsverfolgung im Bereich des GWB:

Beschränkungen folgen zum einen aus der Funktion des zivilen Haftungsrechts, konkret schädigende Einwirkungen auf die Privatsphäre abzuwehren. Von hier aus stellt sich die Aufgabe, Individualbeeinträchtigung von bloßer Popularbetroffenheit abzugrenzen.

Eine zweite Schranke findet individuelle Rechtsverfolgung an den Zuständigkeitsreservaten der Kartellbehörden, innerhalb derer ein Entscheidungsmonopol der staatlichen Wirtschaftsaufsicht anerkannt werden muß. Sie bestehen vornehmlich dort, wo das Gesetz den Behörden spezifische Aufgaben der Wirtschaftslenkung überläßt oder Kontrollentscheidungen unter marktpolitischen Aspekten überantwortet, die sinnvollerweise nur einheitlich und mit allgemein verbindlicher Wirkung getroffen werden können. Zu bewältigen bleibt hier die bisweilen schwierige Aufgabe, im Einzelfall die privatrechtsverdrängenden Kontrollräume der staatlichen Marktaufsicht zu ermitteln.

Zweites Kapitel

Die einzelnen Bereiche der Kartellrechtspflege und ihre Relevanz für den privatrechtlichen Deliktsschutz

A. Privatrechtlicher Drittschutz bei horizontaler Abstimmung des Marktverhaltens unter Konkurrenten

1. Das Kartellierungsverbot als Grundlage für private Ersatz- und Unterlassungsansprüche

Der materielle Ordnungskreis der Regeln über horizontale Wettbewerbsbeschränkungen umschließt Koordinierungsmaßnahmen von Unternehmen derselben Wirtschaftsstufe, die auf das Wettbewerbsverhalten Einfluß nehmen. Dazu zählt in erster Linie das Kartell, bei dem sich das Ziel der Marktbeeinflussung durch Ausschaltung des Wettbewerbs am auffälligsten dokumentiert. Es erfaßt nach der Definition in § 1 GWB Vereinbarungen und Beschlüsse, die auf eine Beschränkung des Wettbewerbs zwischen den beteiligten Unternehmen gerichtet sind. In Ergänzung zum Kartellierungsverbot untersagt der Tatbestand des § 25 Abs. 1 GWB faktisch abgestimmte Verhaltensweisen unter Wettbewerbern, um somit eine Verständigung über wettbewerbsbeschränkende Maßnahmen auch ohne rechtsgeschäftliche Verbindlichkeit in den Sanktionsmechanismus des Gesetzes einzubeziehen[1].

Über die Frage, ob und inwieweit gegen verbotene horizontale Marktbeeinflussung unabhängig vom kartellbehördlichen Eingreifen individueller Privatrechtsschutz gewährt werden kann, wird in der Kartellrechtsliteratur heftig und kontrovers diskutiert. Schon im Vorfeld der sachlichen Betrachtung ist strittig geblieben, welche gesetzliche Vorschrift als Bezugsnorm für § 35 GWB überhaupt in Betracht kommt.

---

[1] Das Verbot aufeinander abgestimmter Verhaltensweisen wurde durch Novelle zum GWB von 1973 eingefügt, nachdem der Bundesgerichtshof in seinem „Teerfarbenbeschluß" (BGH St 24, 54 = NJW 1971, 521 = WuW/E BGH 1147) im Wege der Auslegung des Vertragsbegriffes die formlose Verständigung unter den Betroffenen nicht in das Kartellverbot des § 1 GWB einbezogen hatte (zust. *Reinhardt*, Anm. zu BB 1971, 190; abl. *Th. Raiser*, Anm. zu JZ 1971, 391; vgl. ferner *Huber*, FS für Hefermehl (1971) S. 85 ff.; *Bartholomeyczik*, FS für Kaufmann (1972), S. 39 ff.; *Beuthien*, FS für Hartmann (1976) S. 51 ff m.w.N). Sie dient damit als eine Art Auffangtatbestand zu §§ 1, 15 GWB (*v. Gamm*, Kartellrecht, § 25 Anm. 2; *Beuthien*, a.a.O. S. 51 ff.; *Belke*, ZHR 139 [1975] S. 55 — a.A. *K. Schmidt*, Kartellverfahrenrecht S. 32 ff m.w.N.).

A. Horizontale Abstimmung des Marktverhaltens

Genannt wird einmal die isolierte Vorschrift des § 1 GWB[2]. Demgegenüber verweist die wohl herrschende Meinung darauf, daß die dort angeordnete Nichtigkeitsfolge nicht ein den Drittschutz auslösendes Verbot beinhaltet, und daß man auf § 38 I Nr. 1 GWB zurückgreifen müsse[3]; eine dritte Auffassung schließlich will das allgemeine Verbot horizontaler Wettbewerbsbeschränkung aus § 25 I GWB entlehnen[4]. Geht man indes davon aus, daß sämtliche Vorschriften von einem allgemein zugrunde gelegten Kartellierungsverbot getragen sind[5] — das freilich durch die §§ 2 ff. GWB durchbrochen wird und unter den dort genannten Voraussetzungen befugtes und damit rechtmäßiges Marktverhalten darstellt —, dann ist die Frage der rechtstechnischen Anknüpfung ohne praktische Bedeutung und kann als überflüssige Begriffsjurisprudenz beiseite geschoben werden. Die rechtstechnische Zuordnung — hier § 1 GWB, dort § 38 Abs. 1 Nr. 1 GWB — wäre auch für den Zeitpunkt der Auslösung privater Reaktionsrechte ohne Bedeutung[6]. Schädigende Auswirkungen im Vermögensbereich eines einzelnen, die einen deliktischen Ersatzanspruch tragen könnten, treten ohnehin erst bei real praktiziertem Kartell ein. Die Vorverlegung des Rechtsschutzes auf den Zeitpunkt der Kartellabsprache wird allenfalls für präventive Maßnahmen relevant. Da sich der private Unterlassungsanspruch[7], der dem Schadenseintritt vorbeugen soll, schon gegen drohende Rechtsnachteile einsetzen läßt, könnte dieser Anspruch auch unabhängig vom Vollzug der verbotenen Kartellabsprache geltend gemacht werden.

So bleibt als erhebliche Sachfrage, ob die Mißachtung des Verbots horizontaler Wettbewerbsbeschränkungen überhaupt das Tatbestandsmerkmal einer unerlaubten Handlung unabhängig und unbeschadet von behördlichem Einschreiten für den privaten Deliktsschutz auszufüllen vermag.

---

[2] *Langen / Niederleithinger / Schmidt*, § 35,2; *Lukes*, Kartellvertrag S. 182 ff.; *Biedenkopf*, Grundsatzfragen S. 11 ff.; *Fikentscher*, BB 1956, 796; im Grundsätzlichen wohl auch LG Köln, WuW/E LG/AG 84 nebst dem Revisionsurteil des BGH NJW 1958, 1869 = WuW/E BGH 253 „4711"; LG Düsseldorf, WuW/E LG/AG 94 „Wohnraumleuchten" und WuW/E LG/AG 146 „Filmtransport".

[3] *v. Gamm*, Kartellrecht § 1 Anm. 2; *Baumbach / Hefermehl*, Wettbewerbs- und Warenzeichenrecht (8. Aufl.) GWB § 1 Rdn. 66; *Mailänder*, Privatrechtliche Folgen S. 175 ff.; BGHZ 64, 232 = NJW 1975, 1223 = JZ 1976, 28 = WuW/E BGH 1361 „Krankenhaus-Zusatzversicherung" (mit zust. Anm. *Steindorff*, JZ 1976, 29; *Emmerich*, ZHR 139 [1975], 518; jetzt auch *Benisch*, in GK, 9. Lfg. 1976, § 25 Rdn. 31).

[4] *K. Schmidt*, Kartellverfahrensrecht S. 32 ff. (34 u. 37).

[5] Vgl. die klarstellende Bemerkung bei *Müller / Giessler* (GWB § 1 Rdn. 51), Kartellverhalten sei nicht deshalb verboten und ordnungswidrig, weil ein unwirksamer Vertrag vollzogen werde, sondern daß umgekehrt der Kartellvertrag für unwirksam erklärt werde, weil er zu verbotenem Kartellverhalten verpflichtet.

[6] a.A. *Mailänder*, Privatrechtliche Folgen S. 175 ff.

[7] Vgl. dazu *F. Baur*, JZ 1966, 381 ff.

Eine starke Lehrmeinung[8], die teilweise Eingang in die Gerichtspraxis[9] gefunden hat, will ein privatrechtliches Vorgehen gegen verbotenes Kartellieren völlig ausschalten oder auf ein Minimum reduzieren. Zur Begründung dieser Rechtsauffassung wird wiederholt die These vorgetragen, die gesetzliche Entscheidung gegen die Kartellfreiheit stehe im Dienst der Sicherung und Funktionserhaltung des Wettbewerbs als Institution, Kartellkontrolle sei ein Mittel staatlicher Wirtschaftspolitik, die zu verwirklichen ausschließlich die Kartellbehörden berufen sind. Soweit damit auch die Verwirklichung eines individuellen Freiheitsschutzes erstrebt werde, wirke der Einzelschutz im Reflex des Institutionsschutzes.

Die Aussage enthält kaum mehr als eine petitio principii und ist in ihrer Absolutheit durch vielfältige Untersuchungen widerlegt. Die Verfechter der Gegenthese[10], die den Individualrechtsschutz auf eine breitere Basis stellen wollen, haben zu Recht den Gesichtspunkt hervorgehoben, daß die Institution des Wettbewerbs um des einzelnen willen unter dem Schutz des Gesetzes steht. Wettbewerbsschutz ist keine abstrakte Größe, die man von den Schutzinteressen der einzelnen Marktteilnehmer isolieren könnte. Das entscheidende Merkmal der Wettbewerbsbeschränkung liegt gerade in der Auswirkung auf Dritte; die unzulässige Marktbeeinflussung reduziert wirtschaftliche Möglichkeiten, die ihnen der unbeschränkte Markt bieten könnte, und letztlich sind es die Drittwirkungen, um deretwillen das Gesetz horizontale Wettbewerbsbeschränkungen mit einem Verbot belegt[11]. Freilich ist damit noch nicht bewiesen, daß jeder Private, der in den Wirkungskreis unerlaubter Kartellierungspraktiken gerät, auch schon mit zivilen Rechtsbehelfen gegen die Wettbewerbsbeschränkung angehen könnte. Nur soviel lehrt die Kontroverse über die Schutzzwecke im Spannungsfeld Institutionsschutz — Individualinteressenschutz, daß allein die Schutzzweckbetrachtung keinen hinreichenden Beleg für die Ausschaltung des privaten Rechtsschutzes aus der Kontrolle horizontaler Wettbewerbsbeschränkung bietet.

---

[8] Frankfurter Komm., GWB § 35 Rdn. 14 ff., 19 ff.; *Benisch* in GK § 35 Rdn. 3 ff.; *Benisch*, WuW 1959, 5 ff.; einlenkend *Benisch*, FS für Hartmann (1976), S. 37 ff.; *Rasch / Westrick*, Kartellrecht § 35 Rdn. 3; *Müller / Giessler*, GWB § 35 Rdn. 6; *Goll*, GRUR 1976, 488 f.; *Ballerstedt*, JZ 1956, 271; *Strickrodt*, WuW 1957, 75 ff.; *Leo*, WuW 1959, 489 ff. — schon zum alliierten Dekartellierungsrecht ausführlich *Würdinger*, WuW 1953, 721 ff.

[9] OLG Frankfurt WuW/E OLG 1615 „Hefekunden" — (Kritik bei *K. Schmidt*, Kartellverfahrensrecht S. 395; *Tilmann*, ZHR 141 [1977] S. 41).

[10] *Lukes*, Kartellvertrag S. 150 ff., 185 ff.; *Fikentscher*, BB 1956 S. 793; *Biedenkopf*, Grundsatzfragen S. 16 ff. und WuW 1968 S. 3 ff.; *Merz*, FS für Böhm (1965) S. 227 ff.; *Mailänder*, Privatrechtliche Folgen S. 169 ff., 177 ff.; *Säcker*, Zielkonflikte, S. 24 ff.

[11] Zutr. *K. Schmidt*, Kartellverfahrensrecht S. 50 f.; *Koch*, Schadensersatz S. 143 ff.

A. Horizontale Abstimmung des Marktverhaltens

Größere Aufmerksamkeit verdienen die pragmatischen und rechtspolitischen Argumente, die die Gegner eines Privatrechtsschutzes gegenüber unerlaubter Kartellierung ins Feld führen: Man befürchtet, daß eine uneingeschränkte Beteiligung Privater an der Durchführung des Wettbewerbsschutzes leicht zu weiteren Wettbewerbsverzerrungen führen könnte[12]. Da die Privatklagen einzelner die Wettbewerbsbeschränkung in toto nicht aufheben können, sondern nur Einzelkorrekturen bewirken, sieht man in den punktuellen Interventionen eine zusätzliche Verfälschung der Wettbewerbsbedingungen. Dies widerspreche — so meint man — der Intention des Gesetzes, den freien und leistungsgerechten Wettbewerb aufrecht zu erhalten[13].

Als unbillig erachtet man ferner, daß die zivilrechtlich auf Schadensersatz belangten Kartellsünder keine Möglichkeit mehr hätten, die finanziellen Nachteile auf ihre Vorlieferanten abzuwälzen oder die Produktion umzustellen. Hier beschreibt man gar die düstere Vision der „Ausrottung ganzer Branchen", wenn deren Teilnehmer einige Jahre lang mit Preisabsprachen „gesündigt haben und die angelaufenen Differenzbeträge zum fiktiven Marktpreis nicht aufbringen könnten"[14]. Und so kommt man denn zu dem Schluß, daß eine Privatverfolgung durch Marktbeteiligte mit individuellen und gesamtwirtschaftlichen Interessen unvereinbar sei und deshalb außer Betracht bleiben müsse.

An dieser Argumentationskette überzeugt prinzipiell nicht, daß den Belangen des kartelldeliktisch handelnden Unternehmens ein so hohes Schutzinteresse zuerkannt wird. Wer das Gesetz übertritt, verstößt — insoweit er ersatzpflichtig wird — zugleich auch gegen seine Eigeninteressen und hat sich wirtschaftliche Nachteile selbst zuzuschreiben. Daß diese gar zum Ruin führen könnten, wäre unter dem Gesichtspunkt der Prävention rechtspolitisch nicht unbedingt unerwünscht, könnte und sollte doch die an die Existenz reichende Bedrohung zu gesetzeskonformem Marktverhalten anhalten. Insoweit sprechen die dargelegten Perspektiven nicht dafür, den privaten Rechtsschutz gegen horizontale Wettbewerbsbeschränkungen vollständig auszuschalten.

Eine ganz andere Frage ist, ob man jedem Marktteilnehmer, der in irgendeiner Weise von kartellwidrigem Handeln betroffen wird, gleichsam automatisch individualrechtliche Reaktionsmöglichkeiten zugesteht. Die extreme Gegenansicht, die jedem Marktteilnehmer, der in den Wirkungskreis einer unerlaubten Horizontalabstimmung gerät, die private Klagebefugnis einräumt[15], erweitert das subjektive Verfolgungsrecht

---

[12] *Benisch*, Festschr. für Hartmann (1976) S. 43 ff.
[13] *Benisch*, a.a.O., S. 44.
[14] *Benisch*, a.a.O., S. 46.
[15] Vgl. die Autoren in Fn. 10.

über die Grenzen der Schadensabwehr hinaus auf die Durchsetzung marktkonformen Verhaltens im Allgemeininteresse und verfälscht damit das eigentliche Anliegen des subjektiven Rechtsschutzes. Es liegt jenseits des Aufgabenkreises eines privaten Kartelldeliktsschutzes, die Marktaufsichtsbefugnisse der Kartellbehörden auf einen unübersehbaren Kreis Privater zu erstrecken; das Schutzanliegen beschränkt sich vielmehr darauf, die schädigenden Auswirkungen individueller Rechtsbeeinträchtigung abzuwehren. So kommt es entscheidend darauf an, den Kreis der rechtsschutzbedürftigen Marktteilnehmer von den nur reflexmäßig betroffenen Unternehmen abzugrenzen[16].

Zweifellos kann die individuelle Betroffenheit einen Grad erreichen, bei dem angesichts der Intensität des verletzten Interesses die Nichtzulassung privatrechtlicher Reaktion einer unerträglichen Rechtsschutzverweigerung gleichkäme. Ein anschauliches Beispiel bietet der unlängst vom Bundesgerichtshof entschiedene Fall „Krankenhaus-Zusatzversicherung"[17], der geeignet ist, eine Wende in der Rechtsprechung[18] zum Privatrechtsschutz gegen Kartellabsprachen einzuleiten: Gesetzliche Krankenkassen, denen Zuschußversicherungen mit Mehrleistungen gegen Zusatzbeiträge nicht erlaubt sind, hatten mit privaten Krankenversicherungsunternehmen Kooperationsverträge geschlossen, die sie verpflichteten, ihre Mitglieder auf die Möglichkeit ergänzenden Versicherungsschutzes durch die Privatkassen hinzuweisen; den Mitgliedern der Ersatzkassen wurde ein besonderer Tarif zugesichert. Als Folge der Zusammenarbeit war eine Wettbewerbsverzerrung unter den konkurrierenden Privatkassen entstanden. Wegen des besonders starken unmittelbaren Einflusses der Ersatzkassen auf ihre Mitglieder mußten die nichtkartellangehörigen Privatkassen eine weitreichende Verdrängung vom Versicherungsmarkt befürchten. In Anbetracht der Bedrohung, die von dem Kartell für die klagenden Wettbewerber ausging, hat das Gericht die bis dahin übliche Zurückhaltung in der Rechtspraxis aufgegeben und auf §§ 35, 1 GWB gestützte Ansprüche zugelassen. In der Begründung findet sich die treffende Bemerkung, daß bei rigoroser Ablehnung privatrechtlichen Drittschutzes gegenüber der horizontalen Abstimmung des Marktverhaltens empfindliche Rechtsschutzlücken blieben. Richtungsweisend sind die dogmatischen Ausführungen des

---

[16] Richtig *K. Schmidt*, Kartellverfahrensrecht S. 386 ff., 396 ff. und Aufgaben S. 20 ff.; in gleicher Richtung *Steindorff*, ZHR 138 (1974), 520 ff. und Anm. JZ 1976, 29 f.

[17] BGHZ 64, 232 = NJW 1975, 1223 = JZ 1976, 28 = GRUR 1976, 153 = WuW/E BGH 1361 (zust. Anm. *Steindorff*, JZ 1976, 29 f.) — Vorinstanz: OLG Düsseldorf WuW/E OLG 1523 „Krankenhaus-Zusatzversicherung" (dazu *Emmerich*, ZHR 139 [1975], 518).

[18] Die Richtung allerdings schon andeutend BGH NJW 1968, 1723 = WuW/E BGH 941 „Fahrlehrer", wo der BGH die Schutzgesetzeigenschaft offen ließ, weil eine rechtserhebliche Beeinträchtigung des Betroffenen nicht vorlag.

A. Horizontale Abstimmung des Marktverhaltens

Urteils: Der Bundesgerichtshof lehnt es ab, den § 1 GWB abstrakt-generell als Schutzgesetz einzuordnen. Ob und inwieweit ein einzelner vom Kartellverbot rechtserheblich betroffen wird, so daß ihm auch privater Rechtsschutz zuteil werden könnte, läßt sich nicht allgemein sagen, vielmehr muß dies — so der BGH — für den einzelnen Fall anhand der genannten Vorschrift entschieden werden. Bei dieser Betrachtung kann der Verstoß gegen das Kartellvertragsverbot im Einzelfall eine geeignete Grundlage für privatrechtliche Ersatz- und Unterlassungsansprüche aus § 35 GWB bieten.

Allerdings löst der Verstoß nicht schon automatisch die Befugnis sämtlicher im Ausstrahlungsbereich liegender Unternehmen aus, auf dem Privatrechtsweg gegen das wettbewerbswidrige Verhalten vorzugehen. Die privatrechtlich erhebliche Schutzwirkung endet dort, wo sich die Marktauswirkungen verflüchtigen, wo sich die Wirkung der unzulässigen Marktbeeinflussung zerstreut und in einer allgemeinen Marktverschlechterung aufgeht, die den einzelnen Marktteilnehmer nur noch als Glied der Allgemeinheit trifft[19].

Aus verschiedenen Gründen erscheint es angebracht, einer unkontrollierbaren Auswucherung des privaten Deliktsschutzes entgegenzuwirken und den Kreis der anspruchsbewehrten Personen zu begrenzen:

Bei nur geringfügiger, marktvermittelter Individualbetroffenheit schwindet auch das Rechtsschutzbedürfnis, das den maßgebenden Grund für die Anerkennung privatrechtlicher Ansprüche überhaupt abgab. Darüber hinaus würde eine uneingeschränkte Zulassung privater Reaktion auf kartellwidriges Verhalten die Intention des privaten Rechtsschutzes im deutschen Kartelldeliktsrecht verfehlen. Wenn man jedem Verbraucher, der am Ende einer u.U. längeren Güterumsatzkette steht, gegen ein unzulässiges Preiskartell private Ersatz- und Unterlassungsansprüche einräumt, würde das Institut der privaten Schadensabwehr gegen vermögensbeeinträchtigende Übergriffe in die Individualinteressenssphäre umfunktioniert in ein Instrument der Popularklage gegen allgemein schädliche Einwirkungen auf dem Markt. Denn bei weitläufiger, nur noch indirekt über den Marktmechanismus vermittelter Kartellbetroffenheit entfernt sich das private Klageziel von der Abwehr individueller Nachteile, die eher zufällige Berührung mit den Marktfolgen böte letzten Endes nur den Anlaß, gegen das verbotene Marktverhalten individuell zu Felde zu ziehen. Breitenschutz gehört aber vorrangig in den Aufgabenkreis der Kartellbehörden, und für eine popularklageartige Reaktion auf unzulässiges Kartellieren besteht angesichts der ausgeprägten öffentlich-rechtlichen Kartellkontrolle im deutschen Wettbewerbsrecht kein Bedürfnis[20]. Die rechtlichen Bedenken, die

---
[19] Vgl. K. *Schmidt,* Kartellverfahrensrecht S. 395 f.
[20] s. o. S. 21 f.

in der Literatur prinzipiell gegen den Schutzgesetzcharakter des § 1 GWB vorgetragen werden, richten sich zuvörderst gegen die uferlose Ausdehnung der privaten Klageberechtigung und sind insoweit ernst zu nehmen. Es wäre unverhältnismäßig, die diffizilen Probleme der Preisbildung auf vermachteten Märkten für einen Einzelfall nur mittelbarer und geringfügiger Betroffenheit im Zivilprozeß aufzurollen.

Die hier vertretene Begrenzung des privaten Rechtsschutzes enthält insoweit eine Absage an die extreme Auffassung der strengen Individualschutztheorie[21], die keine Selektion nach dem Grad der Betroffenheit vornimmt und jedem Marktteilnehmer, der von der Veränderung der Marktbedingungen aus horizontaler Wettbewerbsbeschränkung betroffen ist, privaten Rechtsschutz zubilligt. Solche Handhabung kann zwar auf den Vorteil verweisen, daß schwierige Grenzziehungen entbehrlich werden. Sie läßt sich auch mit logischer Stringenz nicht widerlegen. Doch sprechen auf der Wertungsebene die besseren Gründe dafür, den privaten Deliktsschutz gegen verbotenes Kartellieren nur dort zuzulassen, wo anhand der Schwere der nachteiligen Auswirkungen auf bestimmte Individualinteressen das Bedürfnis besteht, die wettbewerbsrechtliche Verbotsnorm unabhängig von der drittschützenden Tätigkeit der Kartellbehörden durchzusetzen.

Daraus ergibt sich für die dogmatische Betrachtung:

Anhand der Klassifizierung des § 1 GWB als Schutzgesetz oder Nichtschutzgesetz läßt sich der private Kartelldeliktsschutz nicht bestimmen. Das Kartellverbot ist zwar eine geeignete Grundlage für private Rechtsverfolgung, jedoch nicht generell abstrakt, sondern nur zugunsten bestimmter rechterheblich und maßgeblich betroffener Personenkreise. Die Grenze für den privaten Deliktsschutz verläuft nicht diesseits oder jenseits der Norm, sondern in der Mitte: Ein Marktteilnehmer erhält nur dann die Befugnis, mit privatrechtlichen Mitteln gegen ein unzulässiges Kartell vorzugehen, wenn er im Einzelfall das Ziel verfolgt, einen konkreten Individualschaden abzuwälzen oder einer drohenden Eigenschädigung vorzubeugen.

2. Bestimmung des anspruchsberechtigten Personenkreises

Der Markteinfluß, der als Folge des Kartellzusammenschlusses oder abgestimmter Verhaltensweisen entsteht, kann die Interessen Dritter auf zweierlei Weise verletzen: So können einmal *Außenseiter* und *Mitkonkurrenten* am Markt dadurch geschädigt werden, daß ihnen die Absprache Marktchancen nimmt, die sie bei bestehendem Wettbewerb realisieren könnten. Regelmäßig liegt der Zweck des Kartells in dem Bestreben, den Machtbereich und Marktanteil auszudehnen, wobei die

---

[21] Vertreter dieser Lehre: s. o. Angaben Fn. 10.

A. Horizontale Abstimmung des Marktverhaltens

erstrebte Verbesserung zwangsläufig zu Lasten noch vorhandener Mitbewerber-Außenseiter geht. *Neubewerbern* kann der Zugang zum Markt wesentlich erschwert werden. Es kann sogar sein, daß die Behinderung oder Verdrängung von Mitbewerbern den hauptsächlichen Inhalt der Kartellabsprachen bildet.

Dient das Kartell als Mittel zum Boykott, zur Diskriminierung oder zur Marktabschnürung und richtet es sich gezielt gegen bestimmte Drittbewerber, dann bieten schon die Tatbestände der §§ 26 II GWB, 1 UWG, 826 BGB geeignete Rechtsgrundlagen[22], mit deren Hilfe sich der Betroffene zur Wehr setzen kann. Die besondere Bedeutung des Kartellierungsverbotes als deliktische Grundlage für private Reaktionsrechte besteht darin, daß Ersatzansprüche auch dann zuerkannt werden können, wenn die Schädigung nicht das erklärte Ziel, sondern nur die geeignete Folge der verbotenen Wettbewerbsbeschränkung ist.

Zur zweiten Gruppe der Geschädigten gehören *Kunden* und *Lieferanten* kartellangehöriger Unternehmen, die beim Abschluß ihrer Verträge eine Verminderung ihrer Einflußmöglichkeit auf die Inhaltsgestaltung der Einzelrechtsgeschäfte hinnehmen müssen. Der durch das Kartell begründete Markteinfluß wirkt insoweit nachteilig auf ihre Geschäfte ein, als sie die Möglichkeit zu günstigerem Geschäftsabschluß einbüßen, die ihnen eine fortbestehende Wettbewerbslage unter den Vertragsgegnern böte.

Gerade bei solchen, erst über Folgeverträge vermittelten Nachteilen[23] tritt das Problem einer Bestimmung des anspruchsbewehrten Personen-

---

[22] Einzelheiten zum Konkurrentenschutz nach dem UWG: *K. Schmidt*, Kartellverfahrensrecht S. 405 ff.; *Fikentscher*, Wettbewerb S. 244 ff., 277 ff., 299 ff.; *Koenigs*, NJW 1961, 1041 ff.; zur Rechtsprechung: BGHZ 28, 208 ff. = NJW 1958, 1868 = WuW/E BGH 251 „4711"; OLG Frankfurt, WuW/E OLG 1669 „Schokoladenriegel"; KG, WuW/E OLG 1663 „Roxy International" — Zusammenfassung der h.L. zum Konkurrenzverhältnis: Frankfurter Komm. § 35 Rdn. 94 u. 95.

[23] Ausgetragen ist die alte Streitfrage, ob die Nichtigkeit der Kartellvereinbarung (§ 1 GWB) auch die Unwirksamkeit der „Folgeverträge" (also der Verträge mit Dritten zu den abgesprochenen Bedingungen) über § 134 BGB nach sich zieht. Auf gefestigtem Boden steht heute die Rechtsauffassung, daß § 134 BGB keine Anwendung findet. (*Rinck*, Wirtschaftsrecht Rdn. 774; *Müller / Giessler*, § 1 Rdn. 123; Rechtsprechung: BGH NJW 1956, 1201 = WuW/E 152 „Spediteurbedingungen"; OLG Düsseldorf, WuW/E OLG 1184 „Spielautomaten-Aufstellung"; OLG Frankfurt WuW/E OLG 926 „Öfen"; OLG Celle WuW/E OLG 559 „Brückenbauwerk" — anders noch BGH St 8, 221 = WuW/E BGH 118 „Zement" unter der Geltung des Dekartellierungsrechts). In der Literatur wird eine Korrektur der Folgeverträge über §§ 242 BGB, 315 III BGB, culpa in contrahendo diskutiert (*Fikentscher*, FS für Hefermehl S. 41 ff. [schon BB 1956 S. 793 ff.]). Die herrschende Kartellrechtsliteratur überprüft die Rechte der Folgevertragspartner auf der Kartelldeliktsebene (*Langen / Niederleithinger / Schmidt* § 1 Rdn. 111; vgl. *v. Renthe-Fink* in: GK Anh. § 2 Rdn. 5; *Lukes*, Kartellvertrag S. 182 ff.; *Mailänder*, Privatrechtliche Folgen S. 163 ff.). Dies ist auch hier der Ansatz für die nachstehenden Überlegungen.

kreises in aller Schärfe auf. In den negativen Einflußbereich eines verbotenen Kartells geraten unter Umständen alle Beteiligten auf den nachfolgenden Marktstufen, die ein kartellreguliertes Wirtschaftsgut erwerben wollen. Wie weit die Betroffenheit reicht, vornehmlich im Hinblick auf die Frage, ob hieraus private Reaktionsrechte resultieren, kann allgemein nicht gesagt werden. Zu vielfältig sind die Kartellerscheinungsformen, innerhalb derer die Individualbetroffenheit divergiert. Zur Aufhellung der Betroffenheitsgrade ist es zweckmäßig, sich typische Kartellformen vor Augen zu halten.

Ihrem Gegenstand nach können sich Kartelle auf die Regelung von Absatzkonditionen oder auf Produktionsmodalitäten beziehen[24]. Im Bereich der *kartellmäßigen Absatzregulierung* dominiert der Typus, bei dem die Kartellbeteiligten gemeinsam Einzelregelungen für die Rechtsgeschäfte mit Dritten festlegen. Zu solchen „regelaufstellenden Kartellen"[25] gehören Preiskartelle mit ihren Sonderfällen, den Rabatt- und Kalkulationskartellen, also Absprachen, die das Entgelt für die Umsatzgeschäfte mit den Folgevertragspartnern einheitlich festlegen. Dazu zählen ferner sämtliche Konditionenkartelle, bei denen bestimmte Vertragsbedingungen für Einzelrechtsgeschäfte mit Dritten aufgestellt werden. Das Ziel dieser Kartellformen besteht gerade darin, den Beteiligten einen Markteinfluß zu sichern, mit dem sie Preise und Konditionen zu Lasten von Kunden und Lieferanten unabhängig vom Markt und von Wettbewerbern bestimmen können. Betroffen werden hier zuvörderst die Wirtschaftspartner auf der benachbarten Wirtschaftsstufe, Personen, die in unmittelbarer Beziehung zu den an einer Wettbewerbsbeschränkung Beteiligten stehen. Hier werden die Verhandlungsmöglichkeiten der Folgevertragspartner weitgehend eingeschränkt, weil ihnen das Kartell die Möglichkeit nimmt, bessere Konditionen auszuhandeln. In der Regel verbaut das Kartell den Abnehmern auch die Chance, mit Außenseitern Geschäfte zu günstigeren Bedingungen abzuschließen, da erfahrungsgemäß die nichtkartellangehörigen Konkurrenten ihre Bedingungen dem Kartell angleichen. Die Marktgegenseite liegt bei den regelaufstellenden Kartellformen in der Ziellinie der Wettbewerbsbeschränkung[26], so daß man den Folgevertragspartnern und den Abschlußwilligen ohne Bedenken die Befugnis zur privaten Rechtsverfolgung zuerkennen kann[27].

---

[24] Zur Systematisierung: *Lukes*, Der Kartellvertrag (1959) S. 137 ff.

[25] Vgl. dazu *Lukes*, Der Kartellvertrag S. 151 ff., 191 ff.

[26] Besonders deutlich beim sog. Submissionskartell (vgl. dazu: *v. Renthe-Fink* in GK § 1 Rdn. 83 m.w.N.; *Müller / Giessler*, § 1 Rdn. 94; *Mailänder*, Privatrechtliche Folgen S. 186 — OLG Hamburg WuW/E OLG 441 „Ausschreibung für Putzarbeiten").

[27] Zutr. *K. Schmidt*, Kartellverfahrensrecht S. 396; *Steindorff*, ZHR 138 (1974), 504 ff. (520); *Mailänder*, Privatrechtliche Folgen S. 168 f.; *Koch*, Schadensersatz S. 119; — vom extremen Standpunkt einer uneingeschränkten Rechtsverfolgung Dritter auch *Lukes*, Der Kartellvertrag S. 248 ff.

A. Horizontale Abstimmung des Marktverhaltens

Man wird den privaten Rechtsschutz auch noch auf diejenigen Personen erstrecken, denen die Abnehmer die kartellbetroffenen Warengüter und Leistungen ohne nennenswerte Be- und Verarbeitung bestimmungsgemäß weiterveräußern[28], doch ist hier schon zu prüfen, ob nur eine marktvermittelte Beeinträchtigung vorliegt. Immerhin ist denkbar, daß eine starke Konkurrenz unter den Zwischenlieferanten die negativen Kartellfolgen auf der Folgestufe entschärft.

Ganz unterschiedlich liegen die Einwirkungen auf die Interessen Dritter, die von *marktaufteilenden Kartellen*[29] ausgehen. Zu dieser Gruppe gehören Gebietskartelle, die das Arbeitsgebiet der Beteiligten in räumlicher Hinsicht aufteilen, Absatzkontingentierungskartelle, die den Umfang des Warenabsatzes einschränken, Produktionsquotenkartelle, welche die Herstellung von Waren begrenzen, um durch Verknappung den Marktpreis zu heben. Kartelle dieser Gruppe regeln nicht bestimmte Teile für Einzelrechtsgeschäfte mit Folgevertragspartnern. Sie schaffen vielmehr Grundlagen, um den jeweils Begünstigten vom Konkurrenzdruck zu befreien.

Bestimmte marktaufteilende Kartelle intendieren gerade den Ausschluß bestimmter Marktteilnehmer vom Warenbezug. Beim Erzeugerkartell, das den Vertrieb auf bestimmte Händler beschränkt, gehören die von der Lieferung ausgeschlossenen Bezugsinteressenten zum Kreis der maßgeblich Betroffenen; beim gebietsaufteilenden Kartell beeinträchtigt die verbotene Absprache in erster Linie die potentiellen Abschlußinteressenten, denen ein Kartellpartner, der sich an eine unwirksame Gebietsaufteilung hält, die entsprechend gewünschten Geschäftsverbindungen abschlägt. Diesen Gruppen muß die Befugnis zugestanden werden, die Kartellfolgen mit privatrechtlichen Ansprüchen zu bekämpfen.

Ganz andere Außenwirkungen knüpfen sich an Kartelle, die Art und Umfang der *Produktion* durch Absprachen festlegen: solche Organisationskoordinierung ist vornehmlich marktbezogen; die Vereinbarungen sind nicht geeignet, Einzelrechtsverhältnisse mit bestimmten Marktteilnehmern unmittelbar zu beeinflussen. Auf die vor- und nachgelagerten Wirtschaftsstufen wirken sie sich erst längerfristig als Folge einer generellen Verschlechterung der Marktbedingungen aus. Der abstrakte Marktschutz gehört hier in den Aufgabenkreis der Kartellbehörden[30].

---

[28] *Steindorff*, ZHR 138 (1974) S. 520 f.
[29] Dazu *Lukes*, Der Kartellvertrag S. 146 ff. und 167 ff.
[30] a.A. *Lukes*, Der Kartellvertrag S. 184 ff.

3. Zusammenfassung

Verstöße gegen das im § 1 GWB verankerte Verbot horizontaler Wettbewerbsbeschränkung, das in § 25 Abs. 1 GWB eine sinnvolle Ergänzung gefunden hat, können zivilrechtliche Ersatz- und Unterlassungsansprüche auslösen. Die Befugnis zu privater Rechtsverfolgung steht jedoch im Einzelfall nur demjenigen Marktteilnehmer zu, der von der Beschränkung individuell betroffen wird. Liegen die Wirkungen der Wettbewerbsbeschränkung nur in einer allgemeinen Verschlechterung der Marktlage, so ist privates Vorgehen ausgeschlossen; der generelle Marktschutz ist den Kartellbehörden vorbehalten.

B. Deliktsrechtlicher Drittschutz gegen unerlaubte Vertikalbindungen

Der Wettbewerb unter Anbietern von Erzeugnissen gleicher oder ähnlicher Produkte entfaltet sich nicht nur auf der Herstellerstufe, sondern setzt sich auf den folgenden Marktstufen fort. Daraus resultiert das Interesse der Produzenten, in die Absatzverträge Zusatzabsprachen einzubauen, durch die sie Einfluß auf das Marktverhalten der Abnehmer gewinnen. In dem Regelungskomplex der §§ 15 ff. GWB tritt der Gesetzgeber der Marktbeeinflussung durch Vertikalverbindungen entgegen. Mit der zweiten Novelle des GWB (1973) ist der Verbotsbereich in einschneidender Weise verschärft worden.

1. Privatrechtsschutz gegenüber unzulässiger Einflußnahme auf nachfolgende Wirtschaftsstufen

§ 15 GWB enthält das Verbot, dem Umsatzvertragspartner Vertragsbedingungen aufzuerlegen, die ihn an der freien Gestaltung von Preisen oder Geschäftsbedingungen bei der Weiterveräußerung hindern. Im Zusammenspiel mit den §§ 25 II und 38 I Nr. 11 GWB soll erreicht werden, daß sich die Preisbildung auf den verschiedenen Marktstufen ungehindert von vertikalen Beeinflussungsversuchen entwickeln kann. Sonderfälle des § 15 GWB enthalten die Regelungstatbestände der §§ 20 und 21 GWB. Die Verbotsnormen sollen verhindern, daß in Verträgen über Erwerb und Benutzung von gewerblichen Schutzrechten und Betriebsgeheimnissen der Inhaber der Immaterialgüterrechte seine Quasimonopolstellung, die ihm die Schutzrechte vermitteln, als Anknüpfungspunkt benutzt, um dem Erwerber oder Lizenznehmer unerwünschte Wettbewerbsbeschränkungen aufzubürden[31].

Das Verbot einer Einflußnahme auf den Wettbewerb in nachfolgenden Wirtschaftsstufen bezweckt somit — das steht außer Frage — neben der

---

[31] Vgl. BGH BB 1967, 347 = WuW/E BGH 834 „Schweißbolzen".

B. Drittschutz gegen unerlaubte Vertikalbindungen

Erhaltung und Förderung des ungehinderten Wettbewerbs auch den Schutz einzelner Marktteilnehmer gegen Übergriffe auf die wirtschaftliche Dispositionsfreiheit. Deshalb ist jedenfalls im Prinzip weitgehend anerkannt, daß die Verbotsübertretung privatrechtliche Ersatz- und Abwehransprüche begründen kann[32]. Nur eine Mindermeinung begreift die Ordnungsfunktion der genannten Vorschriften als Institutionsschutznormen unter völligem Ausschluß privater Reaktionsmöglichkeiten[33]. Sehr bestritten ist freilich, wer zur Gruppe der anspruchsberechtigten Personen gehört.

a) Privatrechtsschutz der Folgevertragspartner

In der Schutzzone der in die Tatbestände der §§ 15, 20 und 21 GWB gefaßten Verbotsnormen liegen in erster Linie die Folgevertragspartner. Im Hinblick auf den Modus des vermittelten Schutzes muß zwischen den Geschäftspartnern des bindenden Unternehmens und den weiteren Folgevertragspartnern auf der nächsten Marktstufe unterschieden werden.

Die herrschende Lehre gesteht dem *unmittelbar Gebundenen* Ansprüche auf der Grundlage des § 35 GWB zu und verweist zur Begründung auf die Schutzzweckrichtung des Gesetzes[34]. Doch die Zuerkennung von Ersatz- und Unterlassungsansprüchen ist hier nicht zu rechtfertigen:

Zweifellos gehört es zu dem Schutzanliegen der §§ 15, 20 und 21 GWB, den Vertragspartner dagegen abzusichern, daß ihm Beschränkungen auferlegt werden, die ihn an der freien Inhaltsgestaltung seiner Verträge mit Dritten hindern. Doch wird dem Geschäftspartner des Bindenden dieser Schutz der wirtschaftlichen Dispositionsfreiheit schon durch die gesetzliche Nichtigkeitsfolge zuteil. Da er sich an die Beschränkungen, die ihm der Lieferant gesetzeswidrig auferlegt, nicht halten muß, kann das verbotene Verhalten nachteilhafte Folgen für ihn nur dann haben, wenn er sich den Abmachungen freiwillig unterwirft. Hier besteht freilich keine Veranlassung, sie mittels eines Ersatzanspruches auf den

---

[32] *Langen / Niederleithinger / Schmidt*, § 15 Rdn. 7 u. 74; *Müller / Giessler*, § 15 Rdn. 36 (zwar nicht § 15 für sich allein, wohl aber i.V.m. § 38 I Nr. 1) und § 35 Rdn. 13; *Baumbach / Hefermehl*, Wettbewerbsrecht (8. Aufl.), § 35 GWB Anm. 8 und § 15 GWB Anm. 1; *v. Gamm*, Kartellrecht § 15 Rdn. 8; *Mailänder*, Privatrechtliche Folgen S. 165 ff.; *K. Schmidt*, Kartellverfahrensrecht S. 384 ff.; BGHZ 28, 208 ff. = NJW 1958, 1868 = GRUR 1958, 621 = WuW/E BGH 241 „4711".

[33] Frankfurter Komm. § 35 Rdn. 31 (betr. §§ 20 u. 21 GWB: Rdn. 34); schon *Leo*, WuW 1959, 492 f.; *Benisch*, in: GK § 35 Rdn. 15 und *Schwartz*, in: GK § 15 Rdn. 3 u. 48.

[34] *Langen / Niederleithinger / Schmidt*, § 15 Rdn. 74; *Müller / Giessler*, § 15 Rdn. 26; *v. Gamm*, Kartellrecht § 15 Rdn. 8 u. 9; *Rittner*, Wirtschaftsrecht § 20 A I 2. — a.A. schon vom Standpunkt der Institutionsschutztheorie aus: Autoren in Fn. 33.

bindenden Händler überzuwälzen. Setzt der Lieferant Druckmittel ein, um den Gebundenen gegen seinen Willen zur Einhaltung der verbotenen Beschränkungen zu veranlassen — indem er Liefersperren oder andere wirtschaftliche Nachteile androht — so bietet das Druckmittelverbot des § 25 II GWB die geeignete Grundlage für Unterlassungs- oder Ersatzansprüche nach § 35 GWB[35]. Folglich bleibt auch für die Ausbildung präventiver Unterlassungsansprüche auf der Basis der §§ 15, 20 und 21 GWB kein Raum[36].

Dagegen benötigen die *Abnehmer des gebundenen Marktpartners* privaten Rechtsschutz über § 35 GWB[37]. Gerade sie können in ihren Wettbewerbschancen maßgeblich betroffen werden, wenn sich der gebundene Zwischenhändler an die verbotenen Absprachen hält und nur zu belastenden Konditionen weiterveräußert. Gleiches gilt für die *nichtbelieferten Händleraußenseiter*, die mit Rücksicht auf die Einhaltung der verbotenen Bindung ihrer Zulieferer vom Warenbezug ausgeschlossen werden. Vornehmlich ihre Interessen hat der Gesetzgeber mit den Verboten der §§ 15, 20 und 21 GWB im Auge, denn gerade die Störung des Wettbewerbs auf den Folgemarktstufen durch Vertragsfesselung des Absatzmittlers soll die Vorschrift unterbinden. Ein Teil der Lehre wendet sich gegen die Ausweitung des privat geschützten Kreises auf die Interessenten der nachfolgenden Wettbewerbsstufe[38]. Die dazu vorgetragene Begründung, dem Abnehmer des Gebundenen sowie den potentiell an der Lieferung Interessierten stünden Ansprüche auf bestimmte Konditionen im Vertrag mit den Zwischenhändlern nicht zu, läßt den Schutzzweck der Verbote vertikaler Wettbewerbsbeschränkungen außer acht. Es liegt gerade in der Intention des Gesetzes, den In-

---

[35] § 25 Abs. 2 (vor der Novelle von 1973 in Abs. 1 geregelt) ist nach nahezu übereinstimmender Auffassung Schutzgesetz zu Gunsten des Unternehmens, dem Nachteile angedroht oder zugefügt werden (Frankfurter Komm. § 35 Rdn. 39; *Benisch* in: GK § 35 Rdn. 5 sowie § 25 Rdn. 12; *Rasch / Westrick*, § 35 Rdn. 2; BGH NJW 1966, 1919 = BB 1966, 913 = GRUR 1967, 210 = WuW/E BGH 753 „Flaschenbier"; BGHZ 44, 279 ff. „Brotkrieg"); eingehend zu § 25 Abs. 2: *Belke*, ZHR 138 (1974) S. 291 ff.

[36] Abzulehnen ist die Konstruktion bei *Langen / Niederleithinger / Schmidt*, § 15 Rdn. 74. Danach soll der gebundene Vertragspartner zwar Schadensersatzansprüche auf der Grundlage der §§ 15, 35 GWB stellen, doch soll der Gesichtspunkt des Mitverschuldens gem. § 254 BGB zu einer Schadensminderung führen, wobei dann im Einzelfall — bei freiwilliger und ohne jeden wirtschaftlichen Druck übernommener Beschränkung — über § 254 BGB der Anspruch völlig zum Wegfall kommen kann. — Gegen die Konstruktion unter Hinweis auf die Sonderregelung des § 309 BGB: *Belke*, ZHR 138 (1974) S. 246 (Fn. 60).

[37] Ausdrücklich für den Schutz der Marktpartner des gebundenen Unternehmens: *Müller / Giessler*, § 15 Rdn. 36; *Langen / Niederleithinger / Schmidt*, § 15 Rdn. 74; *v. Gamm*, Kartellrecht, § 15 Anm. 9; *Belke*, ZHR 138 (1974) S. 246.

[38] Eingehend *Schwartz* in: GK § 15 Rdn. 2 u. 3; Frankfurter Komm. § 15 Rdn. 48; im Zusammenhang mit § 25 II GWB auch *Sandrock*, JurA 1970 S. 65 in Übereinstimmung mit *Benisch* in: GK § 25 Rdn. 33.

teressenten auf den nachfolgenden Marktstufen eine Verhandlungsposition zu erhalten, die nicht von vornherein durch Vertikalbindungen ihrer Vertragspartner verschlechtert ist. Die Lage der Betroffenen ist hier nicht anders als bei horizontalen Wettbewerbsbeschränkungen, wo die Abnehmer gleichermaßen keinen Rechtsanspruch auf bestimmte Konditionen haben, gleichwohl aber aus der Verschlechterung der Marktstellung infolge des verbotenen Marktverhaltens der Gegenseite private Rechtsverfolgungsansprüche entstehen.

Freilich wird sich die Bindung häufig nicht in einem konkreten Nachteil niederschlagen; solange trotz der Gebundenheit einzelner Lieferanten der Liefermarkt in toto noch offen bleibt, und die Abnahmeinteressenten mühelos auf das freie Angebot anderer Lieferanten zurückgreifen können, wird im Regelfall kein Individualschaden auf der Abnehmerseite entstehen. Die normale Wettbewerbslage grenzt den Kreis der Aktivlegitimierten in der Praxis ein. Wo aber die Kumulation weitläufig praktizierter Bindungsverträge den Abnehmern keine Ausweichmöglichkeiten läßt, wächst auch das Bedürfnis, den ungestörten Wettbewerb mit Hilfe privater Schadensersatz- und Unterlassungsklagen wiederherzustellen.

b) Konkurrentenschutz

Unklarheiten bestehen auch darüber, inwieweit Mitbewerber des bindenden Unternehmens aus der verbotenen Einflußnahme auf den Wettbewerb der nachfolgenden Marktstufen privatrechtliche Ansprüche herleiten können. Auch die Konkurrenten können nachteilig betroffen sein, wenn der Wettbewerber die Vertikalbindungen dazu benutzt, um auf dem Absatzmarkt den vorrangigen Vertrieb seiner Produkte mit wettbewerbswidrigen Mitteln zu sichern — wenn er etwa durch Festlegung von Niedrigpreisen Unterbietungswettbewerb betreibt oder gar über „Negativklauseln" den Umsatz konkurrierender Produkte im Geschäftsbereich seiner Abnehmer blockiert. Partiell kann hier schon § 1 UWG Abhilfe schaffen, doch wird der Rechtsschutz der Mitbewerber entschieden erleichtert und zum Teil erweitert, wenn man bereit ist, das Verbot der Vertikalbindungen als Schutzgesetz auch zugunsten der Konkurrenten anzuerkennen. Die herrschende Meinung in der Kartellrechtsliteratur scheut diesen Schritt[39]. Man befürchtet, daß die Zulassung einer Konkurrentenklage den Kreis der Klagebefugten unübersehbar

---

[39] *Rasch / Westrick*, § 15 Rdn. 9; *Langen / Niederleithinger / Schmidt*, § 15 Rdn. 74; *v. Gamm*, Kartellrecht, § 15 Anm. 9; (und ohnehin: Frankfurter Komm. § 15 Rdn. 48 und § 35 Rdn. 31; *Schwartz* in: GK § 15 Rdn. 3 und 48). — a.A., also für Schutz der Mitbewerber des Bindenden: *Rittner*, Wirtschaftsrecht § 20 A I 2; *Müller / Giessler*, § 35 Rdn. 13; *Belke*, ZHR 138 (1974) S. 246; auch BGHZ 28, 208 ff. (222) = WuW/E BGH 259 „4711" (jedenfalls für den Sonderfall der Preisbindung bei Markenwaren).

ausweiten könnte. Indessen sind die Bedenken nicht begründet, wenn man das Prinzip konkreter Individualbetroffenheit als Grundvoraussetzung für privatrechtliches Vorgehen im Kartelldeliktsrecht beachtet und verlangt, daß der Wettbewerber im Einzelfall darlegen kann, durch die verbotenen Vertikalbindungen auf dem betreffenden Markt konkrete Absatzchancen einzubüßen.

2. Privatrechtsschutz im Rahmen von Ausschließlichkeits- und Vertriebsbindungssystemen (§ 18 GWB)

a) Verfolgungsrechte auf der Grundlage des § 18 GWB

Mit der Regelung in § 18 GWB hat das Gesetz bestimmte vertikale Vertriebsbindungen, welche die Bezugs- und Absatzwege über mehrere Handelsstufen festlegen, aus der Grundnorm des § 15 GWB ausgeklammert und einer Sonderbehandlung unterstellt. So sind Verwendungsbeschränkungen (Nr. 1), namentlich bei Gebrauchsüberlassung von Gegenständen[40], Ausschließlichkeitsbindungen (Nr. 2), die Alleinverkaufsrechte[41] oder — wie beim Bierlieferungsvertrag — Ausschließlichkeitsbezug[42] zum Gegenstand haben, Vertriebsbindungen (Nr. 3), die das Vertriebssystem auf bestimmte Unternehmen festlegen[43], sowie Koppelungsvereinbarungen (Nr. 4), die eine Verpflichtung zur Abnahme handelsüblich nicht zugehöriger Waren begründen[44], nach dem GWB prinzipiell erlaubt. Den Unternehmen bleibt die Freiheit, ihre Bezugs- und Absatzwege festzulegen, solange sie wettbewerbspolitisch unbedenklich sind. Regelungen der genannten Art werden aber der erweiterten Mißbrauchskontrolle durch die Kartellbehörde unterworfen; sie kann unter den gesetzlich fixierten Eingriffsvoraussetzungen die betreffenden Bindungsverträge für unwirksam erklären. Streitig ist hier, ob die Vertragspartner, wenn sie die gesetzlich gezogenen Grenzen solcher Bindungen überschreiten, eine unerlaubte Wettbewerbsverzerrung betreiben, die unabhängig vom kartellbehördlichen Einschreiten private Ansprüche Drittbetroffener begründen kann.

Die überwiegende Meinung hält daran fest, daß die Kontrolle der in § 18 GWB beschriebenen Koppelungs- und Ausschließlichkeitspraktiken

---

[40] Beispiele: RGZ 165, 1 ff. „Schuhmaschinen"; BGH WuW/E BGH 139 „Drahtverschlußapparate" (Verpflichtungen des Mieters, Maschinen nur in bestimmter Weise zu benutzen).
[41] z.B. BGH WuW/E BGH 1513.
[42] z.B. BGHZ 54, 145 = WuW/E BGH 1113 „Biesenkate" — zum Bierlieferungsvertrag: Zipfel, BB 1958, 1004 ff.
[43] Typisch für Markenwaren: Der gebundene Händler darf die gelieferten Waren nur an Großhändler oder Fachhändler weitergeben, nicht aber an Warenhäuser u.ä.
[44] z.B. KG WuW/E OLG 995 „Handpreisauszeichner".

B. Drittschutz gegen unerlaubte Vertikalbindungen 41

der Kartellbehörde vorbehalten[45] ist und einzelne Marktteilnehmer erst bei Mißachtung einer Untersagungsverfügung Rechte herleiten können, sofern die Verfügung gerade ihren Schutz bezweckt.

Das häufig vorgetragene Argument, die Regelung des § 18 GWB enthalte keine Verbotsnorm, denn sie verbiete nichts, sondern stelle nur die Unwirksamkeitsfolge fest[46], ist nicht schlüssig; die technische Abfassung einer GWB-Vorschrift ist — wie die Betrachtungen zu §§ 1 und 15 belegen — für den zugrundegelegten materiellen Verbotscharakter nicht maßgeblich. Auch die Behauptung, die Vorschrift bezwecke Institutionsschutz und sei keine Schutznorm zugunsten einzelner Marktteilnehmer, ist nicht aussagekräftig. Selbstverständlich dient sie auch dem Schutz der durch Ausschließlichkeitsbindungen in der Marktentfaltung behinderten Anbieter, Abnehmer und Mitbewerber. Auf die Interessenkreise dieser Personen hebt das Gesetz bei der Ausgestaltung der Ermessenskriterien gerade ab.

Hier liegt deshalb auch der Anknüpfungspunkt für eine beachtliche Mindermeinung in der Lehre, die — entgegen der herrschenden Auffassung — angesichts der Schwere der Beeinträchtigung Dritter aus übermäßigen Marktbindungssystemen auf einen ipso iure-Rechtsschutz zugunsten der benachteiligten Wettbewerber plädiert[47].

Das zentrale Problem bei der Handhabung des § 18 GWB liegt in der Tat in der Frage, ob das in seinen Interessen verletzte Unternehmen den Kampf gegen das hinderliche Vertikalbindungssystem unabhängig von der Kartellbehörde in eigener Regie führen soll oder ob es den Behörden vorbehalten bleibt, den privaten Interessenschutz im Wege der Mißbrauchskontrolle wahrzunehmen.

Eine neuere Lehre sucht die Lösung über dogmatische Grundsätze zur Mißbrauchskontrolle im Kartellrecht[48]. Ansatzpunkt ist eine grundsätzliche Unterscheidung zwischen „verbotenen" und „verbietbaren" Wettbewerbsbeschränkungen. Man sieht das gemeinsame Kriterium aller Mißbrauchstatbestände darin, daß die den Eingriffsermächtigungen zugrunde gelegten Verbote nicht „definitiv umrissen" sind. Die Konkretisierung der „unfertigen Verbotstatbestände"[49] sei — so argumentiert

---

[45] Frankfurter Komm. § 35 Rdn. 33; *Müller / Giessler*, § 35 Rdn. 14; *Langen / Niederleithinger / Schmidt*, § 18 Rdn. 190; *Rasch / Westrick*, § 35 Rdn. 4; *Benisch* in GK § 35 Rdn. 16; *Schwartz* in: GK § 18 Rdn. 98; *Baumbach / Hefermehl*, 8. Aufl., § 35 GWB Anm. 6; *Leo*, WuW 1959, 485 ff. (489); *v. Gamm*, Kartellrecht, § 15 Anm. 9; *K. Schmidt*, Kartellverfahrensrecht S. 273 ff. und Aufgaben S. 75 ff.

[46] Vgl. Frankfurter Komm. § 35 Rdn. 33; *Benisch* in: GK § 35 Rdn. 5; *Langen / Niederleithinger / Schmidt* § 18 Rdn. 190.

[47] *Biedenkopf*, Wettbewerbsbeschränkung S. 217 ff.; *Möschel*, Oligopolmißbrauch S. 219; *Koch*, Schadensersatz S. 67 und 114 f.

[48] *K. Schmidt*, Kartellverfahrensrecht S. 51, 133 ff., 158 ff., 273 ff.

[49] *K. Schmidt*, Kartellverfahrensrecht S. 133 u. 135.

man — kraft Gesetzes ausschließlich den Kartellbehörden überantwortet. Erst das öffentlich-rechtliche Kontrollverfahren schaffe eine verbindliche Abgrenzung des mißbräuchlichen vom noch erlaubten Marktverhalten. Ohne eine verfahrensabhängige Konkretisierung sei das Verbot nicht statuiert, folglich könne mißbräuchliches Marktverhalten ohne eine zwischengeschaltete Entscheidung der Kartellbehörden privatim nicht angegriffen werden. Die Übertragung dieses Dogmas auf die Handhabung des § 18 GWB[50] ergibt dann, daß die vertikalen Bindungssysteme nur kartellbehördlich aufhebbar sind, private Rechtsverfolgung über § 35 GWB somit ausgeschlossen bleibt.

Die Prämisse zu dieser Dogmatik ist jedoch nicht haltbar. Eine Differenzierung zwischen „verbotenen" und „verbietbaren" Wettbewerbsbeschränkungen auf der materiellen Verbotsebene läßt sich nicht belegen: Entweder verbietet das Gesetz ein Verhalten oder es bleibt erlaubt. Auch die Behörde kann nur gegen materiellrechtlich unerlaubtes Verhalten einschreiten. Freilich kann die Rechtsordnung regeln, wem die Kontrollbefugnisse zustehen und wer gegen unerlaubtes Verhalten einschreiten darf. Meint die begriffliche Abschichtung des verbietbaren Verhaltens von ipso iure verbotenen Handlungen, daß nur eine bestimmte Instanz zur Verfolgung der Verbotsübertretung berufen ist, so enthält das Begriffspaar nicht mehr als die terminologische Abkürzung für die Folgeimplikation, daß bestimmtes Marktverhalten ausschließlich von der Behörde und nicht von der Privatperson beanstandet werden soll. Ob dies indes ununterschieden für alle Fälle der Mißbrauchskontrolle gilt, läßt sich so allgemein und mit Hilfe begrifflicher Deduktion nicht bestimmen.

Das GWB hat bei der Abfassung der Tatbestände, die kartellbehördliche Eingriffe regeln, den Privatrechtsschutz nicht berücksichtigt, die Regelung allein auf die Kartellbehörde zugeschnitten. Deshalb enthält der Umstand, daß die Mißbrauchsvoraussetzung in die Eingriffsermächtigungen eingebunden ist und materielles und Verfahrensrecht normtechnisch zusammengefaßt sind, keine Aussage darüber, ob das gesetzlich mißbilligte Verhalten nicht auch eine Grundlage für die Ausbildung eines privaten Deliktstatbestandes abgibt. Diese Frage muß einer Einzelanalyse einer jeden Mißbrauchsregelung vorbehalen bleiben.

Im Verbotsbereich des § 18 GWB sprechen nun in der Tat die besseren Gründe für die Ausschaltung des § 18 GWB als privatdeliktische Rechtsgrundlage.

Mit Bedacht hat der Gesetzgeber die unter § 18 GWB fallenden Bindungen aus den Grundtatbeständen vertikaler Marktbeschränkung der §§ 15, 25 II GWB ausgeklammert. Damit ist deutlich gemacht, daß Aus-

---

[50] K. *Schmidt*, Kartellverfahrensrecht S. 273 ff.

B. Drittschutz gegen unerlaubte Vertikalbindungen

schließlichkeitsbindungen und Koppelungsverträge der genannten Art im Interesse der Unternehmen am Aufbau vertragsverfestigter Vertriebssysteme nach geltendem Recht anerkannt werden[51]. Sie sind jedenfalls so lange unbedenklich und ein zulässiges Instrument der Wirtschaftspraxis, als nicht wegen höherrangig bewerteter Gegeninteressen Schranken gezogen sind. So unterscheidet sich in der Ausgangsbewertung der Tatbestand des § 18 GWB von anderen Formen der unerlaubten Wettbewerbsbeschränkung, wie namentlich den Verbotsregelungen der §§ 1, 15, 22, 25 u.ä. GWB, bei denen die Verbote die prinzipiell negative Gesetzesbewertung anzeigen und etwaige Einschränkungen oder Erlaubnisvorbehalte die Ausnahme bilden. Vertragsabschlüsse im Rahmen der Vertikalbindungen des § 18 GWB sind grundsätzlich erlaubte und damit gültige Rechtsgeschäfte.

Die Grenzen zwischen zulässigen und nicht mehr akzeptablen Bindungen verlaufen infolge der generalklauselartigen Elemente bei der gesetzlichen Abfassung der Eingriffsvoraussetzungen ohne scharfe Konturierung. Das hat zur Folge, daß die praktizierenden Unternehmen aus ihrer Perspektive in vielen Fällen die Friktionen mit Drittinteressen nicht genau übersehen und damit die Grenzüberschreitung nicht ohne weiteres erkennen können. Aus diesem Grund besteht ein praktisches Bedürfnis, eine feststellende verbindliche Entscheidung der Kartellbehörde über die Unzulässigkeit des Vertriebssystems einzuschieben, bevor ein einzelner mit der Kartelldeliktsklage zum Angriff gegen den Initiator der Bindungen schreitet.

Hinzu kommt ein zweiter Gesichtspunkt: Die zur Absatzregelung errichteten Ausschließlichkeits- und Vertriebssysteme schließen in der Regel eine Vielzahl von gebundenen Unternehmen in einem Netz von Verträgen und in einer Kette von Folgeverträgen ein. Wird gegen die Wirksamkeit des vertraglich aufgebauten Systems das überwiegende Gegeninteresse der Gebundenen oder die Unzuträglichkeit einer unmäßigen Marktverkrustung ins Feld geführt, so betrifft die negative Bewertung das entfaltete Vertragsgeflecht in toto. Die Mißbilligung erfaßt sämtliche Einzelverträge unter den Systemangehörigen. Daraus erwächst das unabweisbare Bedürfnis nach einer einheitlichen Entscheidung mit Wirkung für alle Teilnehmer des Vertragsnetzes[52]. Sie kann nur über eine behördliche Untersagung erreicht werden, welche die Unzulässigkeit des Systems und damit die Unwirksamkeit der Einzelverträge auf einen exakten Zeitpunkt festlegt. Da ein Einzelverfahren

---

[51] Vgl. Begr. RegE, Anl. 1 zu BT-Drucks. II/1958 S. 37. Kritik: *Schwartz* in GK § 18 Rdn. 49.

[52] Zur „Rechtssicherheit" bei einer behördlichen Entscheidung mit interomnes-Wirkung: *K. Schmidt*, Kartellverfahrensrecht S. 203 ff. und Aufgaben S. 77.

auf kartelldeliktischer Grundlage über § 35 GWB die Wirksamkeit der Rechtsgeschäfte auf der Vertragsebene nicht beseitigen könnte, entstünde bei individueller Rechtsverfolgung die paradoxe Situation, daß aus der Einhaltung der Bindung Schadensersatz beansprucht wird, während sie zugleich intern auch künftig als Vertragserfüllung gefordert werden könnte[53].

b) Privatrechtliche Ansprüche gegen unerlaubte Wettbewerbspraktiken im Rahmen vertraglicher Vertriebssysteme

Der Grundsatz, daß die Beanstandung der unter § 18 GWB fallenden Verträge einer kartellbehördlichen Entscheidung vorbehalten bleibt, schließt privaten Rechtsschutz im Bereich der Vertriebsverbindungen nicht vollends aus. § 18 GWB stellt keinen Freibrief für jedwede Bindung aus. Zum einen gelten für die Verträge selbstverständlich die allgemeinen Wirksamkeitsschranken des § 138 BGB. Nichtig sind Koppelungs- und Vertriebsverträge mit Ausschließlichkeitsklauseln, die den Vertragspartner sittenwidrig knebeln[54]. Der Individualschutz eines einzelnen sittenwidrig Gebundenen gehört nach der gesetzgeberischen Intention ohnehin nicht in das Schutzfeld des § 18 GWB; denn der kartellbehördliche Eingriff soll — wie sich aus Buchstabe a ergibt — bei der kollektiven Wettbewerbsbeschränkung als Folge gleichartiger Bindung mehrerer Unternehmen auf einer Wettbewerbsstufe ansetzen. Der Schutz zielt auf Entfesselung des Wettbewerbs durch Abbau kollektiv oder branchenweit bestehender Abhängigkeiten und nicht auf Befreiung eines einzelnen aus sittenwidriger Knebelung[55]. Von daher ist eine Konkurrenz privater Abwehrrechte über §§ 138, 826 BGB überhaupt nicht zu befürchten.

Den Individualschutz der Systemaußenseiter übernimmt § 26 Abs. 2 GWB[56]. Nach dieser Vorschrift können sich Dritte gegen unbillige Behinderungen oder sachlich nicht gerechtfertigte Ungleichbehandlungen privatim zur Wehr setzen. Angesichts der den Bindesystemen immanenten Außenwirkungen besteht zwischen zulässigem Ausschluß Dritter und dem gegenläufigen Teilhaberecht ein Spannungsverhältnis, das im Einzelfall schwer abzubauen ist.

Die Lösung setz eine Abstimmung der beiden Normkreise auf der materiell-rechtlichen Ebene voraus[57]. Dabei ist von der Grundentschei-

---

[53] Zutr. *Liebs*, Vertriebsbindungen S. 50 f. und *K. Schmidt*, Kartellverfahrensrecht S. 275 f.

[54] Zur Sittenwidrigkeit eines Bierbezugsvertrages wegen Knebelung: BGH NJW 1970, 2243 = WuW/E BGH 1138 „Zur Laterne"; BGH GRUR 1971, 42 = WuW/E BGH 1113 „Biesenkate".

[55] Vgl. *Belke*, ZHR 138 (1974) S. 248.

[56] *Schwartz* in: GK § 18 Rdn. 96; *Belke*, ZHR 138 (1974) S. 353; *K. Schmidt*, Kartellverfahrensrecht S. 236 ff. und Aufgaben S. 80 ff.

B. Drittschutz gegen unerlaubte Vertikalbindungen

dung für die Zulässigkeit der Bindepraktiken auszugehen. Der Gesetzgeber respektiert den Aufbau von vertraglichen Ausschließlichkeits-, Vertriebs- und Koppelungssystemen und akzeptiert damit im Prinzip exklusive oder selektive Absatzgestaltungen bis zu den in § 18 GWB gezogenen Grenzen. Innerhalb der Zulässigkeitszone verbleibt den Unternehmen ein Freiraum, ihr Absatzsystem nach eigenem wirtschaftlichem Ermessen zu gestalten[58].

Zutreffend geht der Bundesgerichtshof davon aus, daß die sogenannten „regelmäßigen Wirkungen von Ausschließlichkeitsbindungen"[59], die sich zwangsläufig im Ausschluß Dritter von der Warenlieferung an das gebundene Unternehmen niederschlagen, angesichts der in § 18 GWB getroffenen Entscheidung keine Reaktionsrechte über § 26 II GWB auslösen können. Erst darüber hinausgehende Wirkungen können in den Anwendungsbereich dieser Vorschrift fallen[60]. Solche Übermaßwirkungen entstehen, wenn besondere Begleitumstände hinzutreten. So liegt eine unbillige Behinderung der *Mitbewerber* vor, wenn die marktmächtigen Unternehmen das Vertriebsnetz dazu mißbrauchen, die Absatzkanäle zu Lasten der Mitbewerber durch Einwirkung auf ihre Abnehmer zu reservieren oder einen wesentlichen Teil der Nachfrage an sich zu binden[61]. Die Behinderung kann ansetzen bei der Beratung von Händlern, ihr Sortiment durch Streichung umsatzschwacher Marken anderer Lieferanten zu straffen[62]; sie kann sich in mittelbarer Einflußnahme äußern, etwa durch Gewährung von Treuerabatten an Kunden, um diese von einem Konkurrenten abzuziehen[63]. In solchen Fällen entartet die Vertriebsbindung als Instrument unternehmerischer Absatzplanung zu einem Mittel des Verdrängungs- oder Vernichtungswettbewerbs. Hier bietet § 26 II GWB den behinderten Konkurrenten die Rechtsgrundlage für Unterlassungsansprüche.

Soll das Behinderungsverbot des § 26 II GWB in erster Linie den Mitbewerber schützen, so dient das Verbot der sachlich ungerecht-

---

[57] Dafür namentlich: *J. F. Baur*, Mißbrauch S. 211 ff.; *P. Ulmer*, ZHR 130 (1968) S. 164 ff. (189); *Koller*, Gleichheitsmaßstab S. 82 f.; *Belke*, ZHR 138 (1974) S. 261 ff.; in der Rechtsprechung BGH WuW/E BGH 509 (513) „Original-Ersatzteile"; OLG Stuttgart WuW/E OLG 1441 (1443) „Rasant".
[58] Vgl. *v. Gamm*, Kartellrecht § 26 Anm. 22.
[59] BGH WuW/E BGH 1269 (1275) „Fernost-Schiffahrtskonferenz"; WuW/E BGH 1211 „Kraftwagen-Leasing"; WuW/E BGH 509 „Originalersatzteile".
[60] Vgl. *J. F. Baur*, Mißbrauch S. 211 ff.; *P. Ulmer*, ZHR 130 (1968) S. 189 f.; *Belke*, ZHR 138 (1974) S. 261 f.; *v. Gamm*, Kartellrecht § 26 Anm. 3.
[61] Zum Verbot des § 26 Abs. 2 GWB durch Bindung eines quantitativ erheblichen Teils der Nachfrage: *Belke*, ZHR 138 (1974) S. 264.
[62] Vgl. dazu WuW/E OLG 618.
[63] WuW/E BKartA 1361 „Fernost-Schiffahrtskonferenz"; BKartA TB 1974, 48 „Dachzubehör" (Behinderung einer Einkaufsgenossenschaft durch Rabattgestaltung).

fertigten unterschiedlichen Behandlung hauptsächlich dem Schutz der (*Anbieter* und) *Nachfrager auf der (Vor-* und) *nachgelagerten Marktstufe*[64]. In erster Linie bezweckt das Diskriminierungsverbot, die Bezugs- und Absatzwege zugunsten der Interessenten offenzuhalten, um einer Fortpflanzung von Marktungleichgewichten auf den Zweit- und Drittmärkten Einhalt zu gebieten. Angesichts des Einflusses, den Unternehmen auf nachgeordnete Wirtschaftsstufen ausüben, macht das Gesetz ihnen zur Pflicht, bei Gestaltung der Geschäftsbeziehungen die wettbewerbliche Chancengleichheit ihrer Austauschpartner zu wahren.

Die Erscheinungsformen der Ungleichbehandlung sind vielfältig: Besonders einschneidende Wirkungen kann der völlige Ausschluß vom Bezug gefragter Markenartikel entfalten, wenn der Gesperrte keine Ausweichmöglichkeiten auf vergleichbare Qualitätswaren besitzt und dadurch im Geschäftsverkehr erhebliche Wettbewerbsnachteile gegenüber den Belieferten erleidet[65]. Doch kann sich diskriminierende Benachteiligung schon in der unterschiedlichen Gestaltung der Preise[66] oder in divergierenden Geschäftsbedingungen in bezug auf Rabatte[67], Skonti oder Sonderzugaben manifestieren. Und schließlich können erhebliche Wettbewerbsnachteile entstehen, wenn einem einzelnen Geschäftspartner bestimmte Vertriebspflichten auferlegt werden, die ihn im Konkurrenzkampf mit anderen Abnehmern benachteiligen.

Ist die unterschiedliche Behandlung sachlich nicht gerechtfertigt, so kann der Benachteiligte über § 26 II GWB Ersatzansprüche stellen und für die künftige Geschäftsabwicklung Einstellung der Benachteiligung verlangen. So bietet die Regelung des § 26 II GWB einen weitgehenden Privatrechtsschutz gegen mißbräuchliche Praktiken im Bereich der vertikalen Wettbewerbsbeschränkungen nach § 18 GWB, indem sie Außenseitern die Bezugsquellen eröffnet und zugleich durch das Verbot der Innendiskriminierung den Gebundenenschutz der Systemangehörigen ergänzt. Das private Anspruchsziel des § 26 II GWB, gerichtet auf Teilhabe und Gleichbehandlung, entspricht überdies dem privaten Schutzanliegen eher als der undifferenzierte Unterlassungsanspruch über §§ 35, 18 GWB.

Begrenzter ist der Rechtsschutz nach § 26 II GWB im Vergleich zu den Möglichkeiten, die eine private Sanktion unmittelbar über die

---

[64] *Müller / Giessler*, § 26 Rdn. 70.
[65] Zur sog. Liefersperre: *Belke*, Geschäftsverweigerung S. 302 ff.; *Sandrock*, JuS 1971, S. 57 ff. — Aus der Rechtspr.: BGHZ 44, 284 „Brotkrieg II"; BGH WuW/E BGH 711; BGH NJW 1976, 801 = WuW/E BGH 1391 „Rossignol"; BGH WuW/E BGH 1429 „Asbach-Fachgroßhändlervertrag"; OLG WuW/E OLG 741 „cash-and-carry-Bierhandel II".
[66] Vgl. BGH WuW/E BGH 227.
[67] Vgl. WuW/E OLG 677.

Verbotsnormen des § 18 GWB eröffnen würde, nur in einem Punkt: der Kreis der Verbotsadressaten ist in § 26 II GWB und § 18 GWB nicht deckungsgleich. Ansprüche aus § 26 II GWB richten sich gegen marktbeherrschende Unternehmen, Kartelle und Preisbinder (Satz 1) sowie gegen Unternehmen, von denen Anbieter oder Nachfrager abhängig sind (Satz 2), während sich der Kreis der Normadressaten in § 18 GWB aus den Eingriffsvoraussetzungen der Nummern a—c entschlüsselt. Soweit sich aber das praktische Bedürfnis einstellt, den Privatrechtsschutz gegen Ausschließlichkeitssysteme stärker auszubauen, bestehen keine dogmatischen Hindernisse, die in § 18 GWB getroffenen Wertungen tendenziell auf § 26 II GWB zu übertragen[68].

Geht es dem privatschutzsuchenden Dritten um Aufhebung diskriminierender Sperren und um Teilhabe, so kann eine mit § 18 GWB abgestimmte Auslegung des § 26 II GWB den Rechtsschutz voll übernehmen. Die Vorschrift wirkt nur dann nicht mehr, wenn der Dritte nicht um Aufnahme als teilhabendes Glied in die Vertriebskette nachsucht, sondern das Ziel verfolgt, das Vertriebsnetz als Außenseiter zu durchbrechen. Im Zivilrechtsstreit kann dann die Frage bedeutsam werden, ob der Dritte auch ohne Untersagungsverfügung der Kartellbehörde die Nichtigkeit der systembezogenen Einzelverträge anführen kann. Ein gutes Anschauungsbeispiel bietet die bekannte „cash-and-carry"-Entscheidung des BGH[69]:

Als Klägerin war die Herstellerin von Markenschokolade aufgetreten, die ihre Markenerzeugnisse preisgebunden — zum Entscheidungszeitpunkt nach § 16 GWB a.F. noch zulässig — über ein Vertriebsbindungssystem absetzte. Sie belieferte Großhändler nur unter der Verpflichtung, ihre Erzeugnisse ausschließlich an Einzelhändler weiterzugeben, die sich schriftlich zur Einhaltung der festgesetzten Verbraucherpreise bereitfanden und die Gewähr für eine sachgemäße Warenpflege boten. Selbstbedienungsgroßhändler (sog. cash-and-carry-Großhändler) hatte die Klägerin von der Belieferung ausgenommen. Dem beklagten Selbstbedienungsgroßhändler war es gelungen, in das System einzubrechen und Artikel der Klägerin von vertragsbrüchigen Großhändlern zu beziehen. Gestützt auf § 1 UWG erstrebte die Klägerin ein Unterlassungsurteil, das dem Beklagten verbieten sollte, sich ihre Markenerzeugnisse zum Zwecke des Weiterverkaufs durch Verleitung der Gebundenen zum Vertragsbruch zu beschaffen.

---

[68] Zur dogmatischen Auseinandersetzung über diesen Punkt: *Rittner* DB 1957, 1092; *P. Ulmer*, ZHR 130 (1968) S. 189 gegen *J. F. Baur*, Mißbrauch S. 211 ff.; *Koller*, Gleichheitsmaßstab S. 82. Der Streit ist durch die Novelle des GWB vom 3.8.1973 entschärft worden: vgl. *Belke*, ZHR 138 (1974) S. 261 f.; *K. Schmidt*, Kartellverfahrensrecht S. 237 ff.

[69] BGHZ 37, 30 ff. = NJW 1962, 1105 = WuW/E BGH 477 „cash-and-carry".

Den Verteidigungseinwand aus dem Diskriminierungsverbot des § 26 II GWB hat der Bundesgerichtshof zu Recht verworfen, da es dem Beklagten nicht um Aufnahme in das Vertriebssystem unter gleichzeitiger Beachtung der daran geknüpften Verpflichtungen ging, sondern vielmehr um dessen eigenmächtige Durchbrechung. Zur Begründung der Sittenwidrigkeit des Beklagtenverhaltens hat der BGH nicht auf den Vorteil abgehoben, den der Beklagte bei der Warenbeschaffung gegenüber den gebundenen Großhandelskunden als Folge eigener Ungebundenheit erlangen konnte, sondern vielmehr auf den Wettbewerbsvorsprung, den er sich vor anderen nicht belieferten Selbstbedienungsgroßhändlern verschafft hat. Denn diesen bleibt, solange das System praktiziert wird und sie keine entsprechende Gelegenheit zur Ausnutzung von Vertragsbrüchen finden, die Möglichkeit des Warenbezugs verschlossen. Der Fall zeigt besonders anschaulich, wie wenig eine zivilgerichtliche Überprüfung des Bindesystems auf Überschreitung der in § 18 GWB gezogenen Grenzen zu einer abweichenden Beurteilung der Rechtslage geführt hätte. Solange das Bindesystem praktiziert wird, tritt keine Veränderung der faktisch fortwirkenden Wettbewerbsverhältnisse ein. Erst mit der totalen Beseitigung des gesamten Bindesystems wandelt sich die Wettbewerbslage auf dem Markt, und diese kann nur durch eine Untersagungsverfügung seitens der Kartellbehörde bewirkt werden.

3. Zusammenfassung

Durch die Verbote der vertikalen Bindungen des Vertragspartners schützt das Gesetz die Wettbewerbsfreiheit auch auf den folgenden Marktstufen. Dabei wird differenziert: während die Einwirkungen auf die Dispositionsfreiheit des Folgevertragspartners einem grundsätzlichen Verbot nach Maßgabe der §§ 15, 20, 21 GWB unterliegen, sind Ausschließlichkeitsbindungen und Vertriebsbindesysteme nicht schlechthin, sondern erst bei Überschreitung der in § 18 GWB gezogenen Grenzen unzulässig.

Die Verbote gegen Vertikalbindungen gemäß der §§ 15, 20 und 21 entfalten eine breite Schutzwirkung. Obwohl unzulässig gebundene Vertragspartner in den Schutzbereich fallen, können sie — entgegen der herrschenden Lehre — aus den Verbotsnormen keine Ersatz- und Unterlassungsansprüche ableiten, da angesichts der gesetzlich angeordneten Nichtigkeitsfolge kein Schutzbedürfnis besteht; sie müssen sich an die vereinbarten Bindungen nicht halten. Dagegen sind Folgevertragspartner des Gebundenen, sowie Wettbewerber auf der gleichen und nachfolgenden Marktstufe berechtigt, sich im Wege der privaten Rechtsverfolgung mit Schadensersatzansprüchen gegen den Bindenden zur Wehr zu setzen, wenn sie durch die unzulässige vertikale Marktbeschränkung in ihren Vermögensinteressen verletzt werden.

C. Mißbräuchliche Ausübung von Marktmacht

Die Mißbrauchsaufsicht im Rahmen grundsätzlich zugelassener Ausschließlichkeits- und Vertriebsbindungssysteme obliegt allein den Kartellbehörden. Den Vertragspartnerschutz übernehmen hier die §§ 138, 826 BGB; Drittschutz gewährt das Gesetz den ausgeschlossenen und diskriminierten Wettbewerbern der nachfolgenden Marktstufe durch Lieferungs- und Teilhabeansprüche über § 26 II GWB; dabei sind die durch § 18 GWB und § 26 GWB gezogenen Normkreise aufeinander abzustimmen.

C. Deliktsschutz gegen mißbräuchliche Ausübung von Marktmacht

1. Der Streit um die privatrechtliche Relevanz des § 22 Abs. 4 GWB

Die Mißbrauchsaufsicht über marktbeherrschende Unternehmen nimmt in der Gesetzesregelung eine zentrale Stellung ein. Sie soll dafür Sorge tragen, daß diese Unternehmen dort, wo die Marktmechanismen nicht mehr voll funktionieren, ihre Gestaltungsfreiräume nicht zu Lasten Dritter durch nicht leistungsgerechte Praktiken ausnutzen.

Nach der Gesetzesfassung ist die Mißbrauchsaufsicht in § 22 GWB den Kartellbehörden übertragen. Sie dürfen die in Abs. 5 geregelten Maßnahmen ergreifen, wenn sich die Marktbeherrschung in mißbräuchlichen Verhaltensweisen niederschlägt (§ 22 Abs. 4 GWB). Da die mißbilligten Wettbewerbsmaßnahmen, die das behördliche Einschreiten legitimieren, im unbestimmten Rechtsbegriff des Mißbrauchs verschlüsselt liegen, umfaßt der gesetzliche Kontrollauftrag zugleich die Weisung, die wesentlichen Erscheinungsformen des kontrollunterworfenen Marktverhaltens aus den wirtschaftspolitischen Schutzzwecken des Gesetzes heraus zu entwickeln.

Nun kann sich die mißbräuchliche Ausnutzung der marktbeherrschenden Stellung gerade auch in der Beeinträchtigung einzelner Marktpartner oder Konkurrenten niederschlagen. Dann besteht ein Interesse des betroffenen Marktteilnehmer, auf die Rechtsverletzung mit einem privaten Unterlassungs- oder Ersatzanspruch zu reagieren. Die Frage ist nur, ob angesichts des gezielten gesetzlichen Kontrollauftrags an die Kartellbehörden privatrechtliches Vorgehen über § 35 GWB auf der Grundlage des § 22 Abs. 4 GWB ausgeschlossen bleiben soll. Sie läßt sich ohne Rückbesinnung auf Stellung und Funktion des § 22 innerhalb des GWB nicht beantworten. Der Rückgriff ist freilich nicht unproblematisch, weil die theoretischen Prämissen der Gesetzeskonzeption nicht hinreichend gesichert sind[70].

Der Gesetzgeber von 1957 hat die Mißbrauchskontrolle als Teilstück einer Antimonopolregelung verstanden[71]. Die Standortbestimmung geht

---

[70] Dazu Näheres bei *Rittner*, Wirtschaftsrecht § 16 B I und § 23 A II 2.

letztlich auf eine wirtschaftstheoretische Marktmodellbetrachtung zurück: Da auf Monopolmärkten die Marktmechanismen des Wettbewerbs ausfallen, sah man die Notwendigkeit, dem Staat ersatzweise Lenkungsfunktionen zuzuweisen, die auf Märkten vollständiger Konkurrenz der Wettbewerb übernimmt. Als Lenkungsmittel wurde die Eingriffsermächtigung gegen mißbräuchliches Ausnutzen der Monopolstellung neben der Zusammenschlußkontrolle gesetzlich verankert. Die Zusammenhänge machen deutlich, daß die Mißbrauchsaufsicht als Maßnahme staatlicher Lenkung und übergeordneter Marktkontrolle gedacht war.

Von der Entstehung des Gesetzes an war das Augenmerk auf die Kontrollbefugnisse der Kartellbehörden gerichtet. Die Entwicklung der Folgezeit war nicht geeignet, die erst später in das Blickfeld geratene Frage nach privatrechtlicher Reaktion auf der Grundlage des § 22 GWB positiv zu beantworten. Schwierigkeiten der Kartellbehörden bei der Handhabung der Vorschrift führten dazu, daß Mißbrauchsverfügungen nur verhältnismäßig selten erlassen wurden[72]. Reformen des Gesetzgebers versuchten dem beanstandeten[73] Rechtszustand abzuhelfen: eine Erweiterung des Begriffs der Marktbeherrschung sollte der Kartellbehörde größere Spielräume für die Mißbrauchsaufsicht verschaffen; doch eine effektivere Anwendung des Gesetzes in der Wirtschaftspraxis blieb aus. Als die Frage nach der privatschützenden Funktion der Vorschrift an die Zivilgerichte herangetragen wurde, reagierten diese zurückhaltend[74]. Es ist zu vermuten, daß sich die Gerichtspraxis gescheut hat, die Handhabungsschwierigkeiten auf die Ebene der Ziviljustiz zu übertragen. Nachdem der Bundesgerichtshof[75] in einer Grundsatzentscheidung aus dem Jahre 1973 ohne nähere Begründung erklärt hatte, § 22 sei kein Schutzgesetz zugunsten der von einem mißbräuchlichen Verhalten eines marktbeherrschenden Unternehmens Betroffenen, war in der Praxis eine Rechtsentwicklung in Richtung auf die Ausweitung des wettbewerbsprivatrechtlichen Rechtsschutzes vorerst gehemmt.

---

[71] Vgl. Begr. zum RegEntw. 1955 zum GWB: BT-Drucks. II/1158 (Abdruck im Gemeinschaftskommentar, 1. Aufl., 1958 S. 1067.

[72] Bis zur 2. Novelle (vom 3.8.1973) sind von den eingeleiteten kartellbehördlichen Mißbrauchsverfahren nur drei durch Verfügungen aufgrund des § 22 Abs. 5 GWB abgeschlossen worden (WuW/E BKartA 1189 „Handpreisauszeichner"; BKartA TB 1967 S. 74 (bestätigt: BGHZ 52, 65) „Sportartikelmesse" sowie WuW/E BKartA 1433 „Fußballstiefel").

[73] Vgl. BKartA, Tätigkeitsbericht 1971 (BT-Drucks. VI/2380) S. 11; *Rittner*, Wirtschaftsrecht § 23 A II 1 und FS für Hartmann (1976) S. 251 ff.; *Emmerich*, ZHR 140 (1976) S. 97 ff. und NJW 1974 S. 903; *Möschel*, Oligopolmißbrauch S. 164 ff.; *J. F. Baur*, BB 1973 S. 915 ff.; vgl. auch *Reich*, ZRP 1975, 159.

[74] Über die Gründe für die Zurückhaltung der Gerichte in kartellrechtlichen Angelegenheiten berichtet *Fischer*, ZGR 1978 S. 235 ff. (Festheft für Würdinger).

[75] BGH NJW 1974, 901 = BB 1974, 276 = WuW/E BGH 1299 „Strombezugspreis"; inzident schon in BGHZ 51, 61 (66) „Taxiflug".

C. Mißbräuchliche Ausübung von Marktmacht

Dem Stand der Rechtsprechung entspricht die vorherrschende Meinung in der Literatur[76]. Zwar streitet man darüber, ob der Zweck des § 22 GWB in erster Linie im Schutz des Wettbewerbs als Institution oder im Schutz aller Dritten besteht, die sich im Einflußbereich des marktbeherrschenden Unternehmens bewegen, betont aber letztlich den Vorrang des im Allgemeininteresse liegenden Institutionsschutzes. Die Scheinbegründung macht hier abermals deutlich, wie wenig die Ermittlung der Schutzgesetzeigenschaft über die Alternative Institutionenschutz — Individualschutzzweck geeignet ist, die Verbindung einer Verbotsnorm mit § 35 GWB zur deliktischen Anspruchsgrundlage überzeugend zu belegen.

Eine dogmatische Verfestigung der herrschenden Rechtsansicht gerade auch für die Mißbrauchskontrolle über § 22 GWB versucht die neuere Lehre, die alle Mißbrauchsregeln aus dem Bereich der privaten Drittschutzgesetze ausnimmt[77]. Schon der Begriff der Mißbrauchsaufsicht soll eine Kompetenzzuweisung an die Kartellbehörden bezeichnen und den rechtspolitischen Auftrag des Gesetzes zu verbindlicher Verbotskonkretisierung enthalten.

Das dogmatische Konzept, das diese These tragen soll, beruht auf der rechtstechnischen Unterscheidung zwischen verbotenen und verbietbaren Normen[78]. Doch gerade die Basis hält einer kritischen Würdigung nicht stand: Auf der materiellrechtlichen Ebene ist eine Klassifizierung innerhalb der gesetzlichen Verbotsbeschreibungen nicht möglich; materiellrechtlich kann nur zwischen verbotenem und erlaubtem Verhalten unterschieden werden. Unbeschadet der Schwierigkeit, das erlaubte vom verbotenen Verhalten bei abstraktbegrifflicher Verbotsumschreibung abzugrenzen, kann eine materielle Gesetzesnorm lediglich die verbotene Verhaltensweise beschreiben[79].

In diesem Lichte läßt sich die Behauptung, das Tatbestandsmerkmal „Mißbrauch" enthalte zunächst „überhaupt keine materielle Aussage", Mißbrauch als solcher sei „keine tatbestandlich greifbare Kategorie"[80], nicht halten. „Mißbrauch" ist zwar ein unbestimmter Rechtsbegriff, der aber einem materiellrechtlichen Bewertungsmaßstab enthält. Kennzeich-

---

[76] Frankfurter Komm. § 35 Rdn. 37; *Benisch* in: GK § 35 Rdn. 16; *Langen*, § 35 Rdn. 4; *Rasch / Westrick*, § 35 Rdn. 2; *Müller / Giessler*, § 35 Rdn. 14; *v. Gamm*, Kartellrecht § 22 Anm. 5; *Goll*, GRUR 1976 S. 492 und WuW 1976, 291; *Leo*, WuW 1959, 493; *Ballerstedt*, FS für Hefermehl (1976) S. 52 ff.; *Langen / Niederleithinger / Schmidt*, § 35 Rdn. 4; *Rinck*, Wirtschaftsrecht Rdn. 781; *Rittner*, WuW 1969, 72; vgl. ferner *Richardi*, AcP 168 (1968) S. 324 („nahezu einhellige Ablehnung" der Gegenthesen Mestmäckers).
[77] *K. Schmidt*, Kartellverfahrensrecht S. 51 ff., 133 ff., 264 ff.
[78] s.o. Zweites Kapitel B 2 S. 41 f.
[79] s.o. Zweites Kapitel B 2 S. 42.
[80] *K. Schmidt*, Kartellverfahrensrecht S. 133; ähnlich *Raisch*, JZ 1965, S. 625 ff. und in: Wettbewerb als Aufgabe S. 357 ff.

nend ist hier nicht das „Fehlen gesetzlicher Determination[80a]", sondern die durch die generalklauselartige Fassung des Verbots bedingte Offenheit gegenüber der Rechtswirklichkeit. Mißbräuchliche Ausnutzung von Marktmacht ist materiellrechtlich ebenso verboten wie sittenwidriges Verhalten im Rechtsverkehr nach der generalklauselartig gefaßten Deliktsnorm des § 826 BGB, unabhängig davon, daß hier wie dort der Rechtspraxis die Aufgabe gestellt bleibt, das allgemein gehaltene Verbot näher zu präzisieren. Die entscheidende Frage, ob im Rahmen des § 22 GWB allein die Kartellbehörden zur verbindlichen Verbotskonkretisierung berufen sind, läßt sich über das Konzept der kartellrechtlichen Mißbrauchstatbestände als bloße „Verbietbarkeitsnormen" nicht beantworten. Somit ist die These nicht geeignet, den traditionellen Standpunkt dogmatisch zu untermauern.

Auf der anderen Seite hat es nie an Stimmen gefehlt, die dafür eingetreten sind, § 22 Abs. 4 GWB als privatrechtsschützende Verbotsnorm anzuerkennen[81], damit Marktpartner oder Konkurrenten des marktbeherrschenden Unternehmens sich mit Hilfe von Schadensersatz- oder Unterlassungsansprüchen gegen Marktmißbräuche zur Wehr setzen können. Die Begrüdung hebt maßgeblich den Gesichtspunkt hervor, daß die im GWB verankerte Wirtschaftsordnung den Wettbewerbsschutz in einer für das Privatrecht verbindlichen Weise regelt[82], der Zweck des § 22 GWB infolgedessen auch gerade darin bestehe, Dritte in ihrer wirtschaftlichen Bewegungsfreiheit zu schützen. Des weiteren zieht man Art. 2 I GG heran[83], um die privatrechtliche Relevanz der kartellrechtlichen Verbotsnormen zu unterstreichen.

Mit Hilfe programmatischer Grundsatzüberlegungen setzen sich die Verfechter einer individualrechtlichen Mißbrauchsverfolgung über das

---

[80a] Die 4. Novelle des GWB vom 30.4.80 hat durch Ergänzung des § 22 Abs. 4 (Satz 2) eine teilweise Konkretisierung in das Gesetz aufgenommen. Beschrieben wird der Behinderungsmißbrauch (Nr. 1) sowie der Preis- und Konditionenmißbrauch (Nr. 2 und 3) unter Einschluß der Nachfragemacht. Damit soll die Anwendung des § 22 GWB erleichtert werden. An der Grundsatzfrage (nach der unmittelbar privatrechtsschützenden Funktion des § 22 GWB) hat sich aber auch durch die gesetzliche Ergänzung um Beispielsfälle des Mißbrauchs nichts geändert.

[81] Vor allem *Mestmäcker* hat sich in seinem Referat vor der Zivilrechtslehrervereinigung (AcP 168, 235 [242] ff. sowie DB 1968, 787 ff. [835]) für eine Fortentwicklung in Richtung auf Anerkennung des § 22 GWB als Schutzgesetz zugunsten des Marktpartner des marktbeherrschenden Unternehmens ausgesprochen. Seither mehren sich die Stimmen für eine private Rechtsverfolgung auf der Grundlage des § 22 GWB: *Koch*, Schadensersatz S. 41 ff, 67 f., 114 f.; *Clodius*, Die Mißbrauchsbestimmungen S. 115 ff.; *Emmerich*, Wirtschaftsrecht S. 336 ff., Der Wettbewerb der öffentlichen Hand S. 47 ff., Wirtschaftsrecht der öffentlichen Unternehmen S. 336 ff. und ZHR 140 (1976) S. 116; *Ingo Schmidt*, US-amerikanische und deutsche Wettbewerbspolitik gegenüber Marktmacht S. 390; *Möschel*, Oligopolmißbrauch S. 163, 210 f. und NJW 1975, 757.

[82] *Mestmäcker*, AcP 168, 252.

[83] *Koch*, Schadensersatz S. 41 ff.

C. Mißbräuchliche Ausübung von Marktmacht

von der herrschenden Lehre betonte Kontrollprivileg der Kartellbehörden hinweg. Aus dem Zweck des Mißbrauchsverbots in § 22 Abs. 4 GWB, zumindest auch alle Dritten im Einflußbereich marktbeherrschender Unternehmen gegen machtbedingte Schädigungen zu schützen, folgern sie die generelle Befugnis zu individueller Rechtsverfolgung auf dem Privatrechtswege. Bedenken gegen die Justiziabilität des Mißbrauchsverbotes werden dem privaten Schutzbedürfnis untergeordnet. Man sieht einen effektiven Rechtsschutz Dritter nur dadurch gewährleistet, daß man dem § 22 GWB Schutzgesetzeigenschaft für § 35 GWB zuerkennt[84].

Die Verteidigung der traditionellen Rechtsauffassung ist nicht bereit, den Mißbrauchsbegriff in § 22 GWB als materiellrechtliches Verbot bestimmter Verhaltensweisen marktbeherrschender Unternehmen anzuerkennen. Sie beharrt auf dem Standpunkt, daß die materielle Eingriffsvoraussetzung, die die Kartellbehörde ermächtigt, den Mißbrauch zu unterbinden, kein ipso iure-wirkender Unrechtstatbestand sei. Ohne kartellbehördliche Entscheidung lasse sich einer privaten Wettbewerbshandlung kein Unwertcharakter beilegen[85].

Von diesem Standpunkt aus erhebt die Verteidigung der herrschenden Lehre den Vorwurf, die Mindermeinung mache, wenn sie Verbietbares für verboten erkläre und dieses Verbot dann als sanktionsfähig postuliere, das Ergebnis zur Prämisse der eigenen Begründung[86]. Der methodische Vorwurf einer petitio principii trifft freilich nur dann, wenn schon unabdingbar feststeht, daß das Gesetz vor die Sanktionsfähigkeit des Mißbrauchsverbots die Verbotskonkretisierung durch Verwaltungsakt gesetzt wissen will. Nur eben dies ist gerade die erst zu klärende Frage. Indem die Argumentationsgegner von einer unterschiedlichen, jeweils als unverrückbar erachteten Grundposition aus fechten, bürden sie der Gegenseite die Begründungslast für die Abweichung auf, die von ihrem festgelegten Stindpunkt aus im Ergebnis auf eine kurzschlüssige Prinzipienbehauptung hinauslaufen muß. Die Argumentationsmethode, kennzeichnend für die Diskussion um Grundsatzfragen bei festgelegten Positionen, kann lediglich den Problemstand vermitteln, nicht aber zur Klärung der streitigen Frage beitragen.

2. Der methodische Weg zur Feststellung der privaten Rechtsschutzzone im Rahmen des § 22 GWB

In Anknüpfung an die einleitend dargelegte Methode zur Ermittlung der privaten Rechtsschutzzone[87] ist von dem Postulat auszugehen, daß den

---

[84] Deutlich *Emmerich*, ZHR 140 (1976) S. 115 f. und NJW 1974, 903 f.
[85] *K. Schmidt*, Kartellverfahrensrecht S. 266 f.; Goll, WuW 1976 S. 291 (293); — aus der Diskussion der Zivilrechtslehrertagung 1967: *Richardi*, AcP 168 (1968) S. 324.
[86] So *K. Schmidt*, Kartellverfahrensrecht S. 266, 267.

einzelnen Marktteilnehmern die Befugnis zur individuellen Rechtsverfolgung gegenüber unerlaubtem Marktverhalten auf möglichst breiter Grundlage zuerkannt werden sollte. Das rechtspolitisch begründete Konzept enthält zugleich das Votum, den Privatrechtsschutz auf alle Bereiche individualbeeinträchtigender Marktordnungsverstöße zu erstrecken. Umfassender Rechtsschutz schließt private Reaktionen gegen mißbräuchliche Ausnutzung von Marktmacht, die einen Marktpartner oder Wettbewerber rechtserheblich in seiner Vermögenssphäre beeinträchtigen, prinzipiell nicht aus. Das gesetzlich statuierte Mißbrauchsverbot verfolgt zweifellos auch das Anliegen, das Marktverhalten der wettbewerbsungebundenen Unternehmen mit den wirtschaftlichen Handlungsfreiheiten der Partner und Konkurrenten in Einklang zu halten. Das Bedürfnis zu privatinitiierter Abwehr schädigender Übergriffe ist hier nicht geringer als bei rechtsbeeinträchtigenden Auswirkungen von Kartellzusammenschlüssen.

Grundsätzlich ist das materielle Mißbrauchsverbot auch nicht ungeeignet, eine Basis zur Tatbestandsbildung für private Abwehr- und Ersatzansprüche abzugeben. Die gestellte Aufgabe, den unbestimmten Begriff des Mißbrauchs in Richtung auf privatbewährte Ansprüche zu konkretisieren und privatrechtlich sanktionsfähige Deliktstatbestände zu entwickeln, ist durchaus lösbar. Es gibt keinen hinreichenden Grund, den gesamten Bereich der Mißbrauchskonkretisierung den Kartellbehörden zu überlassen[88]. Gleichermaßen bieten praktische Ermittlungsprobleme bei der Feststellung des Tatbestandsmerkmals der Martkbeherrschung keinen zureichenden Grund für die Verbannung des § 22 GWB aus dem Bereich des privaten Kartelldeliktsschutzes. Die Auffassung, es bestehe „ein unabweisliches rechtspolitisches Bedürfnis, die in vielen Fällen empirisch aber auch wirtschaftstheoretisch schwierige Ermittlung den Kartellbehörden vorzubehalten, die über die notwendigen speziellen Fachkräfte, Ermittlungsbefugnisse und Erfahrungen verfügen"[89], läßt sich mit einem Hinweis auf die Rechtspraxis zu § 26 Abs. 2 GWB widerlegen. Die Vorschrift, die private Ansprüche vermittelt, enthält parallele Tatbestandsvoraussetzungen; die Vielzahl der zivilgerichtlichen Entscheidungen belegt hier eindrucksvoll, daß die Gerichtspraxis den Anforderungen an die Feststellung der Marktbeherrschung durchaus gewachsen ist[90]. Somit bestehen keine durchgreifenden Bedenken gegen die Eingliederung des § 22 GWB in den Kreis der privatschützenden Verbotstatbestände. Grundsätzlich läßt sich die Verbotsnorm des § 22 Abs. 4 GWB als Grundlage für deliktische Ansprüche nach § 35 GWB heranziehen, wenn ein

---

[87] s.o. Erstes Kapitel, 1 c bb. (S. 16 ff.).
[88] So aber *K. Schmidt*, Aufgaben S. 71; vgl. auch *Richardi*, AcP 168 (1968) S. 324.
[89] *Ballerstedt*, FS für Hefermehl (1976) S. 55; ähnlich *Goll*, WuW 1976 S. 294.
[90] Dazu näher *Emmerich*, ZHR 140 (1976) S. 99 ff.

Unternehmen mit beherrschender oder überragender Marktstellung im Einzelfall durch mißbräuchliche Ausnutzung seiner Marktüberlegenheit in die geschützten Interessenssphären anderer Marktteilnehmer eingreift.

3. Die Marktergebniskontrolle als Privileg der kartellbehördlichen Mißbrauchsaufsicht

Die Grundsatzfeststellung, daß § 22 Abs. 4 GWB auch private Rechtsverfolgung legitimiert, bedeutet freilich nicht, daß schon jeder Verstoß gegen das materielle Mißbrauchsverbot ipso iure individuelle Ersatzansprüche auslöst. Der materielle Normbereich des Mißbrauchsverbots ist weit gesteckt. Unter dem Deckmantel des unbestimmten Rechtsbegriffs „Mißbrauch" verbergen sich auf der einen Seite typische Verbotstatbestände, bei denen sich das unzulässige Marktverhalten gerade im mißbräuchlichen Eingriff in die Individualsphäre einzelner Marktpartner oder Konkurrenten manifestiert; auf der anderen Seite stehen mißbräuchliche Verhaltensweisen, die sich vornehmlich in gemeinschädlicher Wirkung auf dem Gesamtmarkt niederschlagen. Beide Erscheinungsformen des Mißbrauchs sind für die nähere Feststellung des individuellen Privatrechtsschutzes zu unterscheiden: Während bei Individualübergriffen Mißbrauch nach § 22 GWB ein privates Delikt darstellt, das auch zu privater Reaktion des Geschädigten herausfordert, bildet die gemeinschädliche Ausnutzung der marktbeherrschenden Stellung nur den Anknüpfungspunkt für das Einschreiten der kartellbehördlichen Mißbrauchsaufsicht. Hier ist privates Vorgehen ausgeschlossen, die Abwehr marktbezogener Mißbräuche im Allgemeininteresse untersteht als privilegierte Kontrollaufgabe der öffentlich-rechtlichen Wirtschaftsaufsicht. Das Problem besteht darin, die Erscheinungsformen dogmatisch und systematisch voneinander abzuschichten.

Ein wichtiges Anwendungsfeld der kartellbehördlich vorbehaltenen Marktergebniskontrolle ist die Überprüfung des Preisverhaltens marktbeherrschender Unternehmen, die gegenwärtig im Brennpunkt des öffentlichen Interesses steht. Große und marktstarke Unternehmen, die auf Teilmärkten keinem wesentlichen Wettbewerb ausgesetzt sind, können ihre Preisgestaltung unbehindert vornehmen und ihren Abnehmern ein Entgelt abverlangen, das sie bei bestehendem Wettbewerb nicht durchsetzen könnten. In der umstrittenen Frage, ob eine Preisgebarung den Mißbrauchstatbestand des § 22 GWB erfüllt, hatte der Bundesgerichtshof bereits in einer Entscheidung aus dem Jahre 1965[91] die Weichen gestellt und angedeutet, daß § 22 GWB auch ein Einschreiten gegen das Fordern überhöhter Preise möglich mache. Der endgültige Durchbruch erfolgte in zwei späteren Entscheidungen des Gerichts im Anschluß an

---

[91] BGH BB 1965, 1049 „Rechtselbische Zementpreise IV".

kartellbehördliche Mißbrauchsverfahren auf dem Arzneimittelmarkt[92]. Obwohl beide Verfahren in der Rechtsbeschwerdeinstanz gescheitert waren, hat der Bundesgerichtshof die prinzipielle Zulässigkeit einer kartellbehördlichen Preismißbrauchskontrolle ausdrücklich anerkannt. Durch eine Ergänzung des § 22 Abs. 4 GWB im Rahmen der Novelle vom 30.4.1980 ist sie nunmehr auch gesetzlich festgeschrieben.

Das Vorgehen des Bundeskartellamts gegen Medikamentenhersteller macht in besonderem Maße deutlich, daß die Preiskontrolle in erster Linie ein Sozialanliegen verfolgte: Die strukturellen Besonderheiten auf dem Arzneimittelmarkt sind dadurch gekennzeichnet, daß der Preis als Aktionsparameter nicht greift. Der Arzt, der als Verbrauchsdisponent das Medikament nicht bezahlt, verschreibt es vielfach ohne Rücksicht auf die Höhe des Preises. Auch sein Patient muß infolge des Versicherungsschutzes das Medikament in der Regel nicht bezahlen. Die gesamten Mehrkosten werden infolgedessen auf allgemeine Vorsorge- und Versicherungsbelastungen übergewälzt. Abwehr sozialer Gemeinschäden aus unkontrolliertem Preisgebaren war hier der Zweck des Mißbrauchsverfahrens, nicht hingegen die Individualbegünstigung einzelner Kontrahenten.

Dieser Aspekt beherrscht auch die Entfaltung der Initiativen des Kartellamtes auf anderen spektakulären Feldern der Preiskontrolle. So geht es auch bei der Kontrolle der Mineralölpreise nicht primär darum, dem einzelnen Autofahrer einen um Pfennigbeträge niedrigeren Tankpreis zu verschaffen. Das Kammergericht hat in seinem BP-Beschluß aus dem Jahre 1974[93] das entscheidende Anliegen in den Gründen deutlich gemacht, wenn es herausstellt, daß eine mißbräuchliche Preisgestaltung nicht nur Privatinteressen berühre, sondern auch die bestmögliche, preisgünstige Versorgung der Verbraucher und damit ein besonders wichtiges öffentliches Interesse gefährde. Überhöhte Preise seien namentlich wegen ihrer Sogwirkung auf die Konkurrenz gefährlich. In der Tat beeinflußt der Rohstoffpreis die Preisgestaltung der gesamten Industriegüterproduktion, die sich wiederum wellenförmig auf das gesamte Marktpreisniveau auswirkt. Mißbrauchskontrolle ist auch hier Marktergebniskontrolle im wirtschaftlichen Allgemeininteresse.

Ein zweiter Gesichtspunkt bekräftigt, daß sich die Preiskontrolle im Rahmen des § 22 GWB außerhalb der Privatschutzgewähr bewegt. Vorstöße der Kartellbehörden müssen marktpolitischen Zielkonflikten

---

[92] Einmal die sog. Merck-Entscheidung „Vitamin B 12": BGHZ 67, 104 ff. = NJW 1976, 2259 (m. Anm. *Reich*) = WuW/E BGH 1435 = JuS 1977, 123 (*Emmerich*). — Zum andern das Verfahren der Firma Hoffmann-La Roche AG „Valium/Librium": BGHZ 68, 23 ff. = NJW 1977, 675 (m. Anm. *Reich*) = BB 1977, 259 (m. Anm. *P. Ulmer*) = WuW/E BGH 1445.
[93] KG WuW/E OLG 1467.

C. Mißbräuchliche Ausübung von Marktmacht

Rechnung tragen[94]. Preisherabsetzungen können nämlich die Marktstellung marktbeherrschender Unternehmen verstärken oder sogar zementieren, indem sie die Zutrittschancen von Außenseitern vermindern oder Expansionsbestrebungen kleiner Konkurrenten vereiteln. Kurzfristige Verbraucherschutzvorteile sind gegen mittel- oder langfristige wettbewerbsstrukturelle Nachteile abzuwägen. Preiskontrolle ist praktisch geübte Wettbewerbspolitik und gehört damit zu den typischerweise priviligierten Aufgaben der öffentlichen Kartellbehörden.

Ein dritter Gesichtspunkt für den Ausschluß privatrechtlicher Verfolgung im Bereich der Preiskontrolle ergibt sich schließlich im Zusammenhang mit der Frage, nach welchen Maßstäben ein Preismißbrauch festzustellen und wann er im Einzelfall anzunehmen ist. Da ein wettbewerbsgebildeter Preis nicht besteht, muß ein hypothetischer Wettbewerbspreis ermittelt werden. Das Gesetz verweist in § 22 IV S. 2 GWB auf das Vergleichsmarktkonzept[95]: Der Preis, der sich auf dem relevanten Markt bei funktionierendem Wettbewerb bilden würde, soll dadurch ermittelt werden, daß die auf einem vergleichbaren Markt im Wettbewerb gebildeten Preise als Beurteilungsgrundlage herangezogen werden. Unterschiede in der Marktstruktur sollen durch entsprechende Zugaben oder Abschläge ausgeglichen werden. Der so errechnete Preis ist lediglich ein Vergleichsmaßstab: der Vorwurf des Preismißbrauchs läßt sich erst erheben, wenn die Preisforderungen erheblich über dem wettbewerbsanalogen Preis liegen[96]. Da den Unternehmen die durch Art. 2 GG gewährleistete Preisbestimmungsmacht verbleiben muß, sind die Kontrollinstanzen nicht befugt, einen bestimmten Preis vorzuschreiben; nur eine Übermaßgrenze dürfen die Kartellverfügungen festlegen. Kartellamtliche Rechtsaufsicht darf nicht in eine Aktion individualisierter Wirtschaftslenkung und -steuerung umschlagen. Die Kontrollentscheidung gilt gerade nicht der Festlegung eines „iustum pretium" innerhalb der einzelnen Austauschverträge, sie dient vielmehr der Abwehr unsozialen

---

[94] Dazu: *Möschel*, BB 1976, 53; *P. Ulmer*, BB 1977, 359; *Benisch*, GRUR 1977, 275; *Fischer*, ZGR 1978, 249 f.

[95] Das Gesetz knüpft in § 22 IV S. 2 Nr. 2 (Ergänzung durch Novelle v. 30.4.1980) an die von der Rechtsprechung entwickelte Feststellungsmethode an: vgl.: BGHZ 59, 42 „Stromtarif"; BGHZ 68, 23 „Valium". — Zur Rechtsprechung: *Fischer*, ZGR 1978, 246 ff.; zust. *P. Ulmer*, BB 1977, 358; *Benisch*, GRUR 1977, 245; *Möschel*, BB 1976, 51 und JZ 1975, 393 ff.; *Scholz*, ZHR 141 (1977), 537 ff. — Ähnlich das Kartellamt WuW/E BKartA 1482 („Vitamin B 12"); WuW/E BKartA 1526 („Valium"). — Die kritische Literatur hat eine Vielzahl abweichender analytischer Modelle für eine Preiskontrolle entwickelt: *Knöpfle*, BB 1974, 862 ff.; *Hoppmann*, Preiskontrolle und Als-ob-Konzept (1974) S. 9 ff. sowie WuW 1974, 763 ff.; *Gabriel*, Preiskontrolle S. 8 ff. Die Alternativkonzepte haben sich in der Praxis nicht durchsetzen können. Namentlich das Prinzip der Kostenkontrolle mußte praktisch ausscheiden, da die Kartellbehörde Kalkulationskontrollen nicht durchführen kann und darf. — Zum verfassungsrechtlichen Aspekt: *H. P. Ipsen*, Kartellrechtliche Preiskontrolle (1976).

[96] So BGHZ 68, 25 — dazu *Fischer*, ZGR 1978 S. 248; *Benisch*, GRUR 1977, 275.

Verhaltens im Interesse der Funktionserhaltung des gesamten Wirtschafts- und Sozialgefüges. Auch von hier aus wird deutlich, daß die „Sozialentscheidung"[97] in einer Zone jenseits des privaten Rechtsschutzbereiches angesiedelt ist.

Die individualrechtliche Schutzgrenze gegen unangemessene Preisforderungen im bilateralen Vertragsverhältnis wird durch §§ 138, 826 BGB bestimmt. Im Extremfall des „Vertragsdiktates" durch einen Monopolisten, der existenznotwendige Leistungen über Dauerlieferverträge anbietet — so bei Sonderabnehmerverträgen von Energieversorgungsunternehmen, — ist darüberhinausgehend eine zivilgerichtliche Kontrolle unter dem Gesichtspunkt der materiellen Vertragsgerechtigkeit angezeigt, die eine Preisherabsetzung in Analogie zu § 315 Abs. 3 S. 2 BGB rechtfertigt[98]. Trotz grundsätzlicher Anerkennung des § 22 GWB als Grundlage für eine private Rechtsverfolgung bleibt die Preismißbrauchsaufsicht als gesamtwirtschaftliche Aufgabe den Kartellbehörden vorbehalten.

Respektiert man die priviligierten Kontrollräume der Kartellbehörden bei der Mißbrauchsaufsicht für die Bereiche einer übergeordneten Marktkontrolle, und reduziert man die Befugnis zu privater Rechtsverfolgung auf jene Mißbrauchsfälle, die einen Übergriff der marktbeherrschenden Unternehmen in eine marktgeschützte Position einzelner Dritter markieren, so besteht das Problem auch hier — wie beim Privatrechtsschutz gegen unerlaubtes Kartellieren — in einer Selektion. Von hier aus erweist sich die unter den Befürwortern und Gegnern des Privatrechtsschutzes diskutierte Prinzipienfrage, ob Mißbrauch i.S.d. § 22 Abs. 4 GWB allein die Eingriffsvoraussetzungen der Kartellbehörde beschreibt oder auch ein privatbewährtes Kartelldelikt darstellt, als unzutreffende Alternative. Es gilt, innerhalb der einzelnen Mißbrauchstatbestände im Rahmen des § 22 GWB zu differenzieren zwischen Verstößen, die private Rechtsverfolgung ausschließen, und solchen Verhaltensweisen, die als privates Kartelldelikt eingestuft werden können. Vor allem entfällt das gegen eine privatrechtliche Sanktionierung des Mißbrauchsverbots angeführte Beispiel des Preismißbrauchs, das die Unzweckmäßigkeit der privaten Rechtsverfolgung plausibel machen soll[99]. Auch dann, wenn man den Kartellbehörden die ausschließliche Preiskontrolle beläßt, bleibt immer noch Raum für die zivilistische Bekämpfung individualrechtsverletzender Mißbrauchsverstöße auf der Rechtsgrundlage des § 22 GWB.

---

[97] Vgl. *Thiele*, JR 1977, 362.
[98] Dazu eingehend *Köhler*, ZHR 137 (1973) S. 237 ff.
[99] Insoweit gegen *K. Schmidt*, Aufgaben S. 69 f.

C. Mißbräuchliche Ausübung von Marktmacht

4. Eingriffe in privatgeschützte Sphären Dritter durch mißbräuchliche Ausübung von Marktmacht

Privater Rechtsschutz im Rahmen des § 22 GWB kann erst dann einsetzen, wenn das marktbeherrschende Unternehmen seinen Markteinfluß gegenüber einem einzelnen Marktteilnehmer oder einer bestimmten Gruppe von Wettbewerbern mißbräuchlich ausnutzt, um seine Position auf Kosten Dritter zu festigen. Gerade der gezielte Einsatz von Machtmitteln gegen bestimmte Abnehmer- oder Lieferantenkreise, die auf monopolisierte Leistungen angewiesen sind, oder gegen Konkurrenten, die im Einflußbereich des marktbeherrschenden Unternehmens bei ihrer Marktentfaltung behindert werden, kann das Mißbrauchsverdikt begründen, wenn die Durchsetzungskraft der drittbeeinträchtigenden Wettbewerbsmaßnahme gerade aus der Vorzugsstellung auf dem Markt erwächst. Mißbrauchsbekämpfung bezweckt hier Abwehr oder Korrektur individualbeeinträchtigender Wirkungen von Wettbewerbshandlungen, wenn der erzielte Vorteil nicht mehr auf eigener Leistung, sondern auf dem Einsatz des Markteinflusses beruht. In diesen Fällen liegt es nahe, Abwehr wettbewerbswidriger Verhaltensweisen und Restitution machtbedingter Schädigungen in die Hand der Betroffenen zu legen.

Die Erscheinungsformen individualbezogenen Marktmißbrauchs lassen sich systematisch in zwei Gruppen einteilen: Eine Fallgruppe bilden die verbreiteten Versuche marktbeherrschender Unternehmen, unter Einsatz ihrer hervorragenden Marktstellung Konkurrenten und potentielle Wettbewerber durch Fesselung der Lieferanten und Abnehmer zu behindern oder durch Errichtung von Marktschranken zu verdrängen. Der Tatbestand des „Behinderungsmißbrauchs" ist seit der GWB-Novelle vom 30.4.1980 in § 22 Abs. 4 Satz 2 unter Ziff. 1 gesetzlich erfaßt. Zur zweiten Gruppe zählen mißbräuchliche Verhaltensweisen gegenüber den Marktpartnern der vor- und nachgelagerten Wirtschaftsstufen, die auf eine machtbedingte Durchsetzung unangemessener Konditionen abzielen. Fälle des „Ausbeutungsmißbrauchs" beschreibt das Gesetz in § 22 Abs. 4 Satz 2 unter Ziff. 2 und 3.

a) Privatrechtsschutz gegen machtbedingte Behinderung oder Verdrängung der Wettbewerber auf gleicher Wirtschaftsstufe

Mit der Wettbewerbsbehinderung der Konkurrenten bezweckt das marktbeherrschende Unternehmen eine weitere Verstärkung der eigenen Marktposition, im Extremfall gar eine Monopolisierung ihrer Marktstellung. Der Mißbrauchstatbestand ist erfüllt, wenn das marktbeherrschende Unternehmen wettbewerbswidrige Mittel einsetzt oder unter Ausnutzung seines Markteinflusses auf Dritte einwirkt, um sich die Vorrangstellung gegenüber unliebsamer Konkurrenz zu sichern[100].

---
[100] Vgl. dazu *Emmerich*, ZHR 140 (1976) S. 110 ff.; *Möschel*, Oligopolmißbrauch

60   2. Kap.: Die einzelnen Bereiche der Kartellrechtspflege

Ein anschauliches Beispiel für den wettbewerbswidrigen Einsatz privater Preispolitik als Mittel des Vernichtungswettbewerbs bietet der vom Reichsgericht entschiedene Benrather Tankstellenfall[101]. Die beklagten deutschen Mineralölunternehmen hatten 1928 — damals zulässig — ein Preiskartell gegründet; sie belieferten ihre Kartellmitglieder zu festgesetzten Preisen. Der Kläger, Inhaber der einzig kartellfreien Tankstelle in Benrath, verkaufte sein Benzin zu erheblich niedrigeren Preisen; infolgedessen ging der Absatz an den Tankstellen der Beklagten spürbar zurück. Um den Kläger zur Preisangleichung zu zwingen, erniedrigten die Beklagten ihre Preise unter das Niveau des Klägers und wiederholten, als auch dieser seine Preise senkte, mehrfach ihre Preisunterbietungen. Das Reichsgericht hat dem Kläger Ansprüche aus §§ 1 UWG, 826 BGB zugestanden. Kampfpreisunterbietungen dieser Art, die auf einem kleinen Teilmarkt gezielt ansetzen, um den Konkurrenten zu einem bestimmten Marktverhalten zu zwingen, stellen nach dem GWB eine mißbräuchliche Ausnutzung von Marktmacht i.S.d. § 22 Abs. 4 dar, wenn sie von marktbeherrschenden Unternehmen ausgehen[102]. Gerade bei gezieltem Einsatz der Marktüberlegenheit gegen einzelne Wettbewerber wird das Kartellamt nicht eingreifen, um so bedeutsamer wird dann der Individualrechtsschutz.

Individualbezogener Mißbrauch liegt auch dann vor, wenn ein marktbeherrschender Hersteller unter Einsatz seiner Vorrangstellung seinen Abnehmern langjährige Bezugsbindungen für sein überteuertes Zubehör des begehrten Artikels aufzwingt und dadurch anderen Herstellern des Sekundärproduktes den Zugang zum Absatzmarkt versperrt. Bekanntes Beispiel ist der Meto-Handpreisauszeichner-Fall[103]. 1960 hatte die Firma Meto ein Handpreisauszeichnungsgerät entwickelt, mit dem man Haftetiketten in einem Arbeitsgang an beliebig geformte Gegenstände anbringen konnte. Aufgrund der technischen Vorzüge des Geräts erlangte die Herstellerin gar bald einen Marktanteil von 93 %. Unter Ausnutzung der überragenden Marktposition oktroyierte sie ihren Abnehmern eine mehrjährige Bezugsbindung für ihre Etiketten, deren Preis um ca. 40 % über dem Etikettenpreis der Konkurrenten lagen. Verletzungen der Bezugsbindung ahndete sie durch Einstellung des Kundendienstes und durch Verhängung von Liefersperren.

S. 184 ff.; *Müller / Giessler*, § 22 Rdn. 69 ff.; *v. Gamm*, Kartellrecht § 22 Anm. 19 ff.

[101] RGZ 134, 342 (Revisionsentscheidung zu OLG Düsseldorf GRUR 1929, 1368).

[102] Vgl. *Rittner*, FS für Hartmann (1976) S. 264.

[103] KG WuW/E OLG 995 „Meto-Handpreisauszeichner" = JuS 1969, 590; (über die Entsch. des Bundeskartellamts WuW/E BKartA 1189 = JuS 1968, 483). Dazu *J. F. Baur*, Mißbrauch S. 198 ff.; *Möschel*, Oligopolmißbrauch S. 134 ff.; *Ingo Schmidt*, US-amerikanische und deutsche Wettbewerbspolitik gegenüber Marktmacht S. 210 ff.

C. Mißbräuchliche Ausübung von Marktmacht

Dem Mißbrauchsverbot unterliegt das Marktverhalten der Firma Meto im vorliegenden Fall deshalb, weil ihr die Behinderung der konkurrierenden Etikettenlieferanten nur aufgrund ihrer Marktmacht offenstand; ohne die überragende Position beim Verkauf ihrer Handpreisauszeichner hätte sie schwerlich die langfristige Bezugsbindung für ihre wesentlich überteuerten Etiketten durchsetzen können. Behinderungswettbewerb gehört zu den besonders markanten Erscheinungsformen unzulässiger Ausnutzung von Marktmacht. Es entspricht dem Zweck des Mißbrauchsverbots, die durch bloße Machtüberlegenheit erlangten Vorteile auf Kosten anderer Marktteilnehmer auszugleichen. Der Sachverhalt liegt hier auf dem Schnittpunkt der kartellrechtlichen Verbotsnormen der §§ 22 Abs. 4, 18, 26 Abs. 2 GWB[104]. Privater Rechtsschutz wäre für die benachteiligten Konkurrenten auch über das privatbewährte Diskriminierungsverbot des § 26 Abs. 2 GWB zu erreichen, das insoweit einen Sonderfall des weitergehenden Mißbrauchsverbots nach § 22 Abs. 4 GWB beinhaltet. Die Gegner einer privaten Rechtsverfolgung auf der Grundlage des § 22 GWB verweisen gern auf den Individualschutz des § 26 GWB[105]. Daß diese Vorschrift indes nicht ausreicht, das private Rechtsschutzbedürfnis gegenüber Marktmachtmißbräuchen zu befriedigen, zeigt der vom Bundesgerichtshof entschiedene Registrierkassen-Fall[106]:

Die Beklagte verkaufte als Tochtergesellschaft des Anker-Registrierkassenherstellers in einem ausschließlichen Vertriebsgebiet die Geräte der Muttergesellschaft, wobei sie mit den Kunden Verträge über laufend erforderliche Wartungsdienste nebst fälliger Reparaturleistungen abzuschließen pflegte. Der Kläger, der zunächst als Kundendiensttechniker bei der Beklagten angestellt und später freiwillig ausgeschieden war, betrieb einen selbständigen Wartungsdienst für Registrierkassen. Während ihm andere Hersteller die für seinen Dienstleistungsbetrieb notwendigen Ersatzteile zu angemessenen Bedingungen überließen, verweigerte die Beklagte (und auf deren Weisung ihre Mitarbeiter) die Lieferung von Ersatzteilen für die von ihr vertriebenen Erzeugnisse. Nachdem das Bundeskartellamt ein Mißbrauchsverfahren über § 22 GWB wegen der geringen Bedeutung für den Gesamtwettbewerb eingestellt hatte[107], war der Kläger darauf angewiesen, seine Interessen auf dem Privatrechtswege durchzusetzen. Mit der Klage begehrte der Kläger den Verkauf von Ersatzteilen zur Reparatur nach seiner Wahl zu den üblichen

---

[104] Zur Überschneidung der Tatbestände der §§ 18 und 22 GWB: Frankfurter Komm. § 18 Rdn. 112; *Schwartz* in: GK, § 18 Rdn. 95; *Möschel*, Oligopolmißbrauch S. 188 f.; *J. F. Baur*, Mißbrauch S. 208 ff.
[105] Deutlich *K. Schmidt*, Aufgaben S. 78 ff.; ferner: *Benisch* in: GK § 26 Rdn. 71 f.; *Ballerstedt*, FS für Hefermehl (1976) S. 52 ff.
[106] BGH NJW 1973, 280 = BB 1973, 108 (m. Anm. *P. Ulmer*) = MDR 1973, 295 = WuW/E BGH 1238 „Registrierkassen".
[107] BKartA, TB 1971, 57 f.

Bedingungen. Der Bundesgerichtshof hat in seinem Urteil zutreffend hervorgehoben, daß die Beklagte auf dem relevanten Markt zwischen Vertriebsunternehmen und den verarbeitenden Reparatur- und Wartungsunternehmen für die Lieferung der Originalersatzteile in ihrem Vertriebsbereich eine marktbeherrschende Stellung i.S.d. §§ 22, 26 Abs. 2 GWB einnahm. Die willkürliche Liefersperre — die vorgebrachten Gründe der Beklagten hatte das Gericht als Rechtfertigung nicht akzeptiert —, die den Kläger in seiner unternehmerischen Entfaltung erheblich und unbillig behindern mußte, wäre als Fall des Mißbrauchs einer marktbeherrschenden Stellung einzustufen und damit geeignet, Ansprüche aus § 22 Abs. 4 i.V.m. § 35 GWB auslösen. Da der Bundesgerichtshof § 22 nicht als privatschützende Norm anerkennt, sah er sich genötigt, der Klage auf der Grundlage des § 26 Abs. 2 GWB stattzugeben, obwohl die Voraussetzungen der Vorschrift letztlich nicht vorlagen. Denn auch anderen gleichartigen Reparaturunternehmen waren die Ersatzteile zur Reparatur der Anker-Registrierkassen im Geschäftsverkehr üblicherweise nicht zugänglich, und so fehlte es am Tatbestandsmerkmal der Diskriminierung[108]. Ähnliche Tatbestandsüberdehnungen im Normbereich des § 26 Abs. 2 GWB sind schon in früheren Urteilen des Bundesgerichtshofes zu verzeichnen[109]. Systemkonform lassen sich viele Fälle mißbräuchlicher Ausnutzung von Marktüberlegenheit in Form der Behinderung oder Verdrängung von Konkurrenzunternehmen nur lösen, wenn man bereit ist, das Verbot des § 22 Abs. 4 GWB als Schutzgesetz zugunsten der Wettbewerber auszulegen.

b) Privatrechtsschutz der Marktpartner vor- und nachgelagerter Wirtschaftsstufen gegen machtbedingte Durchsetzung unbilliger Konditionen

Während im Verhältnis zu Mitbewerbern beim Mißbrauch von Marktmacht in Form der Errichtung von Marktschranken, Zugangsbeschränkungen oder sonstigen Behinderungen das Diskriminierungsverbot des § 26 Abs. 1 u. 2 GWB sowie § 1 UWG in vielen Bereichen dem privaten Rechtsschutzbedürfnis der betroffenen Konkurrenten noch Rechnung tragen kann, sind Marktpartner der vor- und nachgelagerten Wirtschaftsstufen vor Ausbeutung[110] durch machtbedingt durchsetzbare unangemessene Geschäftsbedingungen, Koppelungsverträge oder sonstige Forderungen nur noch über Ansprüche aus § 22 Abs. 4 i.V.m. § 35 GWB wirkungsvoll zu schützen. Nur in dem engeren Bereich der Liefersperren

---

[108] Gleichgelagert die Problematik bei OLG Frankfurt BB 1977, 612 „Brenner-Ersatzteile".

[109] So z.B. BGHZ 42, 318 = WuW/E BGH 647 „Rinderbesamung"; BGHZ 33, 259 = WuW/E BGH 407 „Molkereigenossenschaft"; s. a. OLG Frankfurt a.a.O. (Fn. 108).

[110] Über Ausbeutungsmißbrauch: *J. F. Baur*, Mißbrauch S. 239 f.

C. Mißbräuchliche Ausübung von Marktmacht

gegenüber Abnehmern, die sich der Marktmacht nicht beugen wollen, hilft der Belieferungszwang über § 26 Abs. 2 GWB. Das Mißbrauchsverbot im Vertikalverhältnis umfaßt alle Verhaltensweisen marktbeherrschender Unternehmen, durch die ihre Lieferanten und Abnehmer in einer Weise geschädigt werden, die bei bestehendem Wettbewerb nicht möglich wäre.

Mißbräuchlicher Einsatz von Marktüberlegenheit zeigt sich bei einem Behinderungsverhalten, das auf eine weitergehende Stärkung der eigenen Machtposition durch Ausdehnung des bestimmenden Einflusses auf die nachgelagerten Wirtschaftsstufen abzielt[111]. So können sich im Handpreisauszeichner-Fall[112] auch die Abnehmer der Firma Meto, denen die langjährige Bezugsbindungen für das überteuerte Zubehör auferlegt wurden, auf das Mißbrauchsverbot berufen. Sie sind an die eingegangenen Bezugsabsprachen nicht gebunden und können sich, wenn sie bei Zubehörkäufen von Konkurrenzwaren mit Sanktionen belegt werden, über § 22 Abs. 4 i.V.m. § 35 GWB zur Wehr setzen.

Marktmacht wird mißbräuchlich ausgenutzt, wenn ein marktbeherrschendes Unternehmen gegenüber seinen ständigen Abnehmern Druck ausübt, um ihnen nachteilhafte Konzessionen abzuverlangen. Ein anschauliches Beispiel bietet der vom OLG Karlsruhe[113] entschiedene Fall, bei dem ein marktbeherrschender Zeitschriftengroßhändler seine Dauerkunden durch Drohung mit dem Geschäftsbruch zu veranlassen suchte, ihn zur regelmäßigen Abbuchung der Rechnungsbeträge zu ermächtigen. Zu den nachteiligen Folgen — Wegfall der Rechnungskontrollmöglichkeit und Verlust der Möglichkeit zur Aufrechnung mit eigenen Gegenforderungen[114] — sollten die Abnehmer gerade über den Einsatz der Marktmacht gezwungen werden. Hier wäre nur mit einem zivilrechtlichen Unterlassungsanspruch — bei Realisierung der Drohung mit einem Schadensersatzanspruch — auf der Grundlage des § 22 Abs. 4 GWB zu helfen. Das Oberlandesgericht hat auf dem Boden der herrschenden Praxis den Schutzgesetzcharakter des § 22 GWB abgelehnt, dann aber auf der Grundlage der §§ 138, 826 BGB entschieden, indem es bei der Würdigung der Sittenwidrigkeit den Mißbrauch der marktbeherrschenden Stellung einbezogen hat. Die Gegner eines Privatrechtsschutzes über § 22 GWB sehen in der „totalen Rezeption eines Verbietbarkeitstatbestandes durch bürgerlich-rechtliche Generalklauseln, mit der in der Sache dasselbe erreicht wird wie mit dem zivilrechtlichen Drittschutz

---

[111] *Müller / Giessler*, § 22 Rdn. 70; *Langen / Niederleithinger / Schmidt*, § 22 Rdn. 50 ff.; vgl. auch K. *Schmidt*, Kartellverfahrensrecht S. 57 ff.
[112] s.o. Zweites Kapitel sub C 4 a. (S. 60 f.).
[113] OLG Karlsruhe WuW/E OLG 1268 „Abbuchungsermächtigung"; ähnlich LG Düsseldorf WuW/E LG/AG 387 „Sonderstromabnehmer".
[114] Dazu BGHZ 41, S. 271.

über §§ 35, 22 GWB", einen Verstoß gegen den Willen des Gesetzes[115]; für die Befürworter einer privaten Rechtsverfolgung auf der Grundlage des § 22 Abs. 4 GWB muß sie einen unnötigen Umweg bedeuten. Der Fall macht jedenfalls deutlich, daß für einen lückenlosen Privatrechtsschutz ohne privatrechtliche Relevanz des § 22 Abs. 4 GWB schwerlich auszukommen ist.

Markante Fälle des Ausbeutungsmißbrauchs liegen vor, wenn marktbeherrschende Unternehmen ihre Monopolmacht einsetzen, um einzelne Abnehmer mit unangemessenen Leistungskonditionen zu übervorteilen. Auch überhöhte Preisforderungen durch gezielte Ausnutzung der unterschiedlichen Preiselastizität einzelner Abnehmer können den Tatbestand des § 22 Abs. 4 GWB erfüllen. Preismißbrauch in Form strukturbeeinflussender Monopolpreisbestimmung für den gesamten Markt, der kartellamtlicher Preisaufsicht unterliegt[116], und individuelle Preisüberhöhung zu Lasten einzelner Abnehmer, die zu individueller Wahrnehmung des verletzten Einzelinteresses herausfordert, sind grundsätzlich zu unterscheiden. Bei der zweiten Fallgruppe geht es nicht um die Wahrung der Marktstruktur gegenüber sozialschädlicher Entfaltung von Marktmacht, sondern um den Singularschutz gegen subjektbezogene Ausbeutung einzelner Marktpartner durch den Einsatz von Marktüberlegenheit des Lieferanten. Sobald das in § 26 Abs. 2 GWB verankerte Diskriminierungsverbot versagt, wenn die Vergleichsbasis zur unterschiedlichen Behandlung im Verhältnis zu einer Vielzahl anderer Abnehmer fehlt, sind die Individualbetroffenen auf die Rechtsgrundlage des § 22 Abs. 4 GWB angewiesen. Praktisches Anschauungsmaterial vermittelt die Preisgestaltung von Energieversorgunsunternehmen gegenüber Sonderabnehmern, also solchen Kunden, die nicht zu den allgemeinen Tarifpreisen mit Strom beliefert werden. Da kartellrechtlich zulässige Demarkations- und Konzessionsverträge (§ 103 GWB) den Versorgungsunternehmen das Alleinbelieferungsrecht innerhalb der abgegrenzten Gebiete sichern, verfügen die Energieversorgungsunternehmen über eine Monopolmacht in der Preisgestaltung. Die Häufung gerichtlicher Streitfälle[117] legt ein beredtes Zeugnis von der Kontrollbedürftigkeit der hier freigelegten Preisgestaltungsmacht ab.

Zwei Entscheidungen sollen hier aufgegriffen werden, um die Bedeutung des § 22 Abs. 4 GWB für die Frage der zivilrichterlichen Monopolpreiskontrolle aufzuzeigen:

---

[115] *K. Schmidt*, Kartellverfahrensrecht S. 272.

[116] Dazu oben Zweites Kapitel sub C 3. (S. 55 ff.).

[117] Aus der Rechtsprechung des BGH: BGH WuW/E BGH 273 „Nante"; BGH WuW/E BGH 1192 „Stromversorgung für US-Streitkräfte" = BB 1971, 1177; BGH BB 1972, 850 = NJW 1972, 1369 „Strom-Tarif"; BGH WuW/E BGH 1299 „Strombezugspreis"; BGH WuW/E BGH 1405; BGH WuW/E BGH 1413 „Mehrpreis von 11 %"; BGH NJW 1974, 901 = BB 1974, 276 „Rheinelektra".

C. Mißbräuchliche Ausübung von Marktmacht

Im ersten Fall[118] hatte ein Elektrizitätsunternehmen, das aufgrund eines Gebietsschutzabkommens die ausschließliche Versorgung in einem Stadtgebiet für sich in Anspruch nahm, die Abnehmerin zu einem Strompreis beliefert, der um 13,4 % über dem Bezugspreis des vorgelagerten Regionalverteilers lag. Nachdem das Kartellamt wegen Preismißbrauchs eingeschritten war, wurde der Preis herabgesetzt. Die Abnehmerin verlangte mit der Klage Rückzahlung des Differenzbetrages zwischen dem gezahlten höheren Entgelt und dem nach Auffassung der Kartellbehörde zulässigen Preis. Das Zivilgericht, das aufgrund des festgestellten Mißverhältnisses zwischen Leistung und Gegenleistung die Nichtigkeit des Vertrages über § 138 Abs. 1 BGB angenommen hat, konnte sich auf die zivilrechtlichen Ausgleichsfolgen beschränken, da die Kontrollmaßnahmen des Kartellamtes den Mißbrauchstatbestand bereits festgestellt hatten. Problematisch wird die zivilrichterliche Monopolpreiskontrolle dann, wenn die Kartellbehörden nicht einschreiten oder wenn — wie in einem anderen Fall[119] — der Sonderabnehmer dem Vertragsangebot des Energieversorgungsunternehmens widersprochen hat. Es stellt sich dann die Frage nach den rechtlichen Grundlagen für das richterliche Prüfungsrecht. In der Regel liegt die Kontrollschwelle des § 138 Abs. 1 BGB zu hoch. § 315 BGB bietet lediglich die Norm zur richterlichen Ausfüllung eines gestaltungsbedürftigen Vertrages; sie betrifft die Korrekturfolgen und nicht die Voraussetzungen. Auf den Fall der vom Monopolisten durch Machteinsatz erzwungenen Preisfestlegung trifft die Wertung des § 315 BGB nicht zu. Die Rechtsgrundlage für die richterliche Kontrolle ergibt sich allein aus § 22 Abs. 4 GWB. Das hier festgesetzte Mißbrauchsverbot stellt klar, daß eine sachlich nicht gerechtfertigte Preisfestsetzung unter Ausnutzung der Marktüberlegenheit zu privater Rechtsverfolgung berechtigt; erst der Aspekt des kartellrechtlichen Mißbrauchs bietet dem Zivilrichter die Handhabe, in das privatgestaltete Rechtsverhältnis überhaupt korrigierend einzugreifen.

Eine heftige Kontroverse in der kartellrechtlichen Literatur hat das Rhein-Elektra-Urteil des Bundesgerichtshofes aus dem Jahre 1973[120] ausgelöst. Zu entscheiden war über die Klage eines Industriewerkes, das seinen Strom als Sonderabnehmer von einem Überlandwerk, einer Tochtergesellschaft des Rheinisch-Westfälischen Elektrizitätswerkes (RWE) bezog. In seinem eigenen Versorgungsgebiet belieferte das RWE eine große Zahl von Konkurrenten des Klägers aufgrund von Sonderabnahmeverträgen zu wesentlich günstigeren Bedingungen, als sie der

---

[118] BGH BB 1971, 1177 = WuW/E BGH 1192 „Stromversorgung für US-Streitkräfte". — Dazu *Köhler*, ZHR 137 (1973) S. 238 ff.
[119] BGH BB 1971, 1175 = MDR 1972, 30.
[120] BGH NJW 1974, 901 (m. abl. Anm. *Emmerich*) = BB 1974, 276 „Rheinelektra" = JuS 1974 S. 394 (*Emmerich*). Zust. Anm.: *Fischerhof*, NJW 1974, 1556 und *Börner*, NJW 1974 S. 2235.

Kläger von dem Überlandwerk erhielt. Die Einräumung entsprechender Konditionen lehnte das RWE mit Rücksicht auf die Interessen seiner Tochtergesellschaft ab. Der Kläger, der darin einen Machtmißbrauch und eine Diskriminierung sah, verlangte unter Berufung auf §§ 22 Abs. 4, 26 Abs. 2 i.V.m. § 35 GWB Schadensersatz in Höhe des Differenzbetrages zwischen beiden Strompreisen.

Der Kartellsenat beschränkte für die Beurteilung nach § 26 Abs. 2 GWB den relevanten räumlichen Markt auf das Absatzgebiet der einzelnen Tochtergesellschaften; demzufolge mußte eine diskriminierende Ungleichbehandlung im Verhältnis zu den Abnehmern im Lieferbereich der Muttergesellschaft ausscheiden. Zugleich war damit über die Klage negativ entschieden. Denn eine weitere Überprüfung des privaten Rechtsverhältnisses unter dem Gesichtspunkt des Machtmißbrauchs lehnte der Kartellsenat kurzerhand mit der Begründung ab, § 22 Abs. 4 GWB sei kein Schutzgesetz, auf das ein privater Anspruch gestützt werden könne. Gerade in dieser Feststellung liegt der angreifbare Punkt des Urteils. Man kann sehr wohl geteilter Meinung darüber sein, ob materiell-rechtlich die Verweigerung günstigerer Preiskonditionen den Mißbrauchstatbestand erfüllen. Immerhin ließe sich für die Zulässigkeit einer regionalen Preisdifferenz anführen, das Stromerzeugungskosten von der Abnahmestelle abhängen, und daß Abnahmemenge und Abnahmestruktur bei der Preisgestaltung berücksichtigt werden könnten[121]. Mißbilligung verdient das Urteil aber insoweit, als der BGH in Verneinung der privatrechtsschützenden Funktion des § 22 Abs. 4 GWB a limine den Einstieg in die materiell-rechtliche Prüfung abgelehnt hat. In der Tat bleibt damit ein effektiver Privatrechtsschutz Dritter, die sich im Einflußbereich des marktbeherrschenden Unternehmens bewegen, in bedenklicher Weise ausgeschlossen[122].

5. Zusammenfassung

§ 22 Abs. 4 GWB statuiert ein materiell-rechtliches Verbot, die Marktbeherrschung oder eine überragende Marktstellung mißbräuchlich auszunutzen. Entgegen der herrschenden Gerichtspraxis und der überwiegenden Auffassung in der Literatur legitimiert die Vorschrift nicht allein die Eingriffsbefugnisse der kartellbehördlichen Mißbrauchsaufsicht. Das Verbot bezweckt auch den privaten Schutz Dritter gegen individualschädigenden Einsatz von Marktmacht. Das rechtspolitisch begründete Prinzip einer weitreichenden Zulassung privater Rechtsverfolgung gegen individualbeeinträchtigende Verstöße kartellgesetzlicher Verbotsnormen und das private Schutzbedürfnis der Marktteilnehmer,

---

[121] So *Börner*, NJW 1974, 2235.
[122] Insoweit jedenfalls ist die Kritik von *Emmerich*, NJW 1974 S. 903 f. und JuS 1974 S. 394 f. durchaus zutreffend.

C. Mißbräuchliche Ausübung von Marktmacht

die im Einflußbereich marktbeherrschender Unternehmen wirtschaften, fordern die Anerkennung des § 22 Abs. 4 GWB als Schutzgesetz i.S.d. § 35 GWB. Weder dogmatische noch praktische Gesichtspunkte sprechen gegen eine Gesetzesauslegung, die das materielle Mißbrauchsverbot zur Tatbestandsbildung privater Ersatz- und Unterlassungsansprüche heranzieht. Freilich ist ein den Kartellbehörden vorbehaltener Kontrollraum zu beachten. Private Rechtsverfolgung ist gegenüber marktbezogenen Machtmißbräuchen, die sich in einer Verschlechterung der gesamten Marktstruktur niederschlagen, ausgeschlossen. Insbesondere ist die Marktpreiskontrolle den Kartellbehörden vorbehalten. Hingegen können sich Wettbewerber gegen individualbezogene Behinderung und Marktpartner gegen machtbedingte Durchsetzung unangemessener Geschäftskonditionen auf der Grundlage des § 22 Abs. 4 i.V.m. § 35 GWB privatim zur Wehr setzen.

Literaturverzeichnis

Ballerstedt, Kurt: Über wirtschaftliche Maßnahmegesetze, in: Festschrift zum 70. Geburtstag von Walter Schmidt-Rimpler, S. 369, Karlsruhe 1957.

— Handlungsunwert oder Erfolgsunwert im Gesetz gegen Wettbewerbsbeschränkungen? in: Wirtschaftsordnung und Rechtsordnung, Festschrift zum 70. Geburtstag von Franz Böhm, S. 179, Karlsruhe 1965.

— Zur Systematik des Mißbrauchsbegriffs im GWB; in: Strukturen und Entwicklungen im Handels-, Gesellschafts- und Wirtschaftsrecht, Festschrift zum 70. Gebrutstag von Wolfgang Hefermehl, S. 37, München 1976.

— Kartellverbot und Einzelvertrag; in: JZ 1956, 267.

Bartholomeyczik, Horst: Der Begriff „Vertrag" im Tatbestand des § 1 GWB und die deutschen Teerfarben-Entscheidungen; in: Beiträge zum Wirtschaftsrecht, Festschrift für Heinz Kaufmann zum 65. Geburtstag, S. 39, Köln—Marienburg 1972.

Baumbach, Adolf / *Hefermehl*, Wolfgang: Wettbewerbs- und Warenzeichenrecht, 8. Aufl., München/Berlin 1960.

— Wettbewerbs- und Warenzeichenrecht, Bd. I, 12. Aufl., München 1978.

Baur, Fritz: Zu der Terminologie und einigen Sachproblemen der „vorbeugenden Unterlassungsklage"; in: JZ 1966, 381.

— Einige Bemerkungen zum gerichtlichen Verfahren in Kartellsachen; in: ZZP 72 (1959), 3.

Baur, Jürgen F.: Rechtliche Fragen der Marktbeherrschung nach der zweiten Novelle zum Gesetz gegen Wettbewerbsbeschränkungen; in: BB 1973, 915.

— Der Mißbrauch im deutschen Kartellrecht, Tübingen 1972.

— Das Tatbestandsmerkmal „Wettbewerb"; in: ZHR 134 (1970), 97.

Belke, Rolf: Die vertikalen Wettbewerbsbeschränkungsverbote nach der Kartellgesetznovelle 1973; in: ZHR 138 (1974), 227, 291, 413.

Benisch, Werner: Die unverbindliche Abstimmung unter dem Gesetz gegen Wettbewerbsbeschränkungen; in: DB 1957, 789.

— Kartellverbot und konformes Marktverhalten; in: DB 1959, 451.

— Private Verfolgung von Wettbewerbsbeschränkungen und Allgemeininteresse; in: Wettbewerbsordnung im Spannungsfeld von Wirtschafts- und Rechtswissenschaft, Festschrift für Gunther Hartmann, S. 37, Köln, Berlin, Bonn, München 1976.

— Einkaufsmacht und Kartellbegriff; in: WuW 1956, 483.

— Entscheidungsanmerkung; in: GRUR 1977, 275.

— Kartellrecht und Schutz der individuellen Freiheit; in: WuW 1961, 764.

— Die kartellfreie Kooperation nach der GWB-Novelle 1973; in: WuW 1974, 69.

Beuthien, Volker: Kartellverbot und abgestimmtes Verhalten — Verhältnis der §§ 1 und 25 I GWB zueinander sowie Grenzen der kartellfreien Kooperation; in: Wettbewerbsordnung im Spannungsfeld von Wirtschafts- und Rechtswissenschaft, Festschrift für Gunther Hartmann, S. 51, Köln, Berlin, Bonn, München 1976.

Biedenkopf, Kurt H.: Vertragliche Wettbewerbsbeschränkung und Wirtschaftsverfassung, Heidelberg 1958.

— Freiheitliche Ordnung durch Kartellverbot. Vom Sinn eines Gesetzes gegen Wettbewerbsbeschränkungen, in: Aktuelle Grundsatzfragen des Kartellrechts, S. 11, Heidelberg 1957.

— Wettbewerbspolitik zwischen Freiheitsidee und Pragmatismus — Zur zehnjährigen Geltung des GWB; in: WuW 1968, 3.

Blanke, Gerold: Der Anspruch auf Eingreifen der Kartellbehörde, Diss. Göttingen 1973.

Böhm, Franz: Das Problem der privaten Macht; in: Franz Böhm, Reden und Schriften, herausgegeben von Ernst-Joachim Mestmäcker, Karlsruhe 1960, S. 25.

— Wettbewerb und Monopolkampf, Berlin 1933.

Börner, Bodo: Entscheidungsanmerkung; NJW 1974, 2235.

Borchardt, Knut / *Fikentscher*, Wolfgang: Wettbewerbsbeschränkung, Marktbeherrschung, Stuttgart 1957.

Buxbaum, Richard M.: Die private Klage als Mittel zur Durchsetzung wirtschaftspolitischer Rechtsnormen, Karlsruhe 1972.

Clodius, Gernot: Die Mißbrauchsbestimmungen des Gesetzes gegen Wettbewerbsbeschränkungen (GWB) als Schutzgesetze, Diss. Göttingen 1968.

Ehle, Dietrich: Zivilrechtsschutz bei verbotswidrigen Empfehlungen; in: DB 1963, 611.

Emmerich, Volker: Zur Gegenstands-, Zweck- und Folgetheorie in § 1 GWB; in: BB 1975, 766.

— Entscheidungsanmerkungen; in: NJW 1974, 902; 1975, 1599.

— Der Wettbewerb der öffentlichen Hand, insbesondere das Problem der staatlichen Versorgungsmonopole, Frankfurt a.M. 1971.

— Wettbewerbsrecht — Eine Einführung, 3. Aufl. München 1979.

— Das Wirtschaftsrecht der öffentlichen Unternehmen, Bad Homburg v.d.H./Berlin/Zürich 1969.

— Die höchstrichterliche Rechtsprechung zum GWB; in: ZHR 139 (1975), 476, 501; 140 (1976), 17, 97.

Erman, Walter: Handkommentar zum Bürgerlichen Gesetzbuch, herausgegeben von Walter Erman und Harm Peter Westermann, 6. Aufl., Münster 1975.

Fikentscher, Wolfgang: Horizontale Wettbewerbsbeschränkungen und Verträge mit Dritten; in: BB 1956, 793.

— Zu Begriff und Funktion des „gemeinsamen Zweckes" im Gesellschafts- und Kartellrecht, in: Festschrift für Harry Westermann zum 65. Geburtstag, Karlsruhe 1974, S. 87.

— Schuldrecht, 6. Aufl., Berlin/New York 1976.

Fikentscher, Wolfgang: Vertrag und wirtschaftliche Macht; in: Festschrift für Wolfgang Hefermehl zum 65. Geburtstag, S. 41, Heidelberg 1971.

— Wettbewerb und gewerblicher Rechtsschutz, München und Berlin 1958.

Fischer, Robert: Der Mißbrauch einer marktbeherrschenden Stellung (§ 22 GWB) in der Rechtsprechung des Bundesgerichtshofes; in: ZGR 1978, 235 (Festheft für Würdinger).

Fischerhof, Hans: Entscheidungsanmerkung; in: NJW 1974, 1556.

Flume, Werner: Verbotene Preisabsprache und Einzelvertrag; in: WuW 1956, 457.

Frankfurter Kommentar: (Bearbeiter: Heinz Kaufmann, Hans-Günther Rautmann u.a.); Kommentar zum Gesetz gegen Wettbewerbsbeschränkungen, Köln, Stand September 1975.

Futter, Werner: Auf der Suche nach der Politik des Gesetzes; in: Dogmatik und Methode, Josef Esser zum 65. Geburtstag, Kronberg/Ts. 1975, S. 37.

v. Gamm Frhr., Otto-Friedrich: Kartellrecht, Kommentar zum Gesetz gegen Wettbewerbsbeschränkungen und zu Art. 85, 86 EWGV, Köln/Berlin/Bonn/München 1979.

Gemeinschaftskommentar zum Gesetz gegen Wettbewerbsbeschränkungen und Europäisches Kartellrecht (herausgegeben von Hans Müller-Henneberg und Gustav Schwartz), 3. Aufl., Köln/Berlin/Bonn/München 1972 ff.

Goll, Hans: § 22 GWB ein Schutzgesetz?; in: WuW 1976, 291.

— Verbraucherschutz und Kartellrecht; in: GRUR 1976, 486.

Großkommentar HGB: Handelsgesetzbuch. Großkommentar (begründet von Hermann Staub, weitergeführt von Mitgliedern des Reichsgerichts), Bd. I, Berlin 1967.

Günther, Eberhard: Zehn Jahre Bundeskartellamt: Rückblick und Ausblick; in: Zehn Jahre Bundeskartellamt, Beiträge zu Fragen und Entwicklungen auf dem Gebiet des Kartellrechts, Köln/Berlin/Bonn/München 1968, S. 11.

Hefermehl, Wolfgang: Zum Anwendungsbereich des Wettbewerbsrechts; in: Festschrift für Hans Carl Nipperdey zum 60. Geburtstag, München, Berlin 1955.

Hennig, Werner: Die Mißbrauchsüberwachung im Gesetz gegen Wettbewerbsbeschränkungen; in: NJW 1968, 573.

— Elemente der Mißbrauchsüberwachung im Kartell-Legalisierungsverfahren des GWB; in: WuW 1969, 434.

Hill, Hans: Zur Rechtsprechung des Kartellsenats; in: Gerda Krüger-Nieland (Hrsg.), 25 Jahre Bundesgerichtshof, München 1975, S. 173.

Hirsch, Ernst E.: Kontrolle wirtschaftlicher Macht. Drei Vorlesungen zum deutschen Gesetz gegen Wettbewerbsbeschränkungen, Bern 1958.

Hoppmann, Erich: Zum Schutzobjekt des GWB; in: Wettbewerb als Aufgabe. Nach zehn Jahren Gesetz gegen Wettbewerbsbeschränkungen, Bad Homburg v.d.H./Berlin/Zürich 1968, S. 61.

— Preiskontrolle und Als-Ob-Konzept — Eine Bemerkung zur Mißbrauchsaufsicht über marktbeherrschende Unternehmen, Tübingen 1974.

Literaturverzeichnis

Huber, Ulrich: Abgestimmte Verhaltensweisen im deutschen Kartellrecht; in: Neue Entwicklungen im Wettbewerbs- und Warenzeichenrecht, Festschrift für Wolfgang Hefermehl zum 65. Geburtstag, Heidelberg 1971, S. 85.

Immenga, Ulrich: Wettbewerbsbeschränkungen auf staatlich gelenkten Märkten, Tübingen 1967.

Ipsen, Hans Peter: Kartellrechtliche Preiskontrolle als Verfassungsfrage, Baden-Baden 1976.

Isay, Rudolf: Gutachten zum Regierungsentwurf eines Gesetzes gegen Wettbewerbsbeschränkungen, Köln 1954.

— Die Geschichte der Kartellgesetzgebung (1955).

— Studien im privaten und öffentlichen Kartellrecht, Mannheim/Berlin/Leipzig 1922.

Jesch, Dietrich: Die Bindung des Zivilrechts an Verwaltungsakte, Erlangen 1956.

Kartte, Wolfgang: Vertikale Empfehlungen für Markenwaren und Diskriminierungsverbot; in: WuW 1962, 241.

Knöpfle, Robert: Zur Mißbrauchsaufsicht über marktbeherrschende Unternehmen auf dem Preissektor; in: BB 1974, 862.

— Zur Problematik der Beurteilung einer Norm als Schutzgesetz im Sinne des § 823 Abs. 2 BGB; in: NJW 1967, 697.

— Entscheidungsanmerkung; in: NJW 1968, 1037.

Koch, Eckart: Buchbesprechung; in: AcP 174 (1974), 489.

— Schadenersatz bei unerlaubten wettbewerbsbeschränkenden Handlungen nach deutschem und europäischem Recht, Bad Homburg v.d.H./Berlin/Zürich 1968.

Köhler, Helmut: Möglichkeiten richterlicher Monopolpreiskontrolle; in: ZHR 137 (1973), 237.

v. Köhler, Karl-Heinz: Gehört das Gesetz gegen Wettbewerbsbeschränkungen zum Privatrecht?; in: DB 1969, 1829.

— Grenzen der gerichtlichen Kontrolle im Kartellrecht; in: DÖV 1960, 210.

— Das Kartellverwaltungsverfahren ist öffentliches Recht; in: VerwArch. 54 (1963), 262.

Koenigs, Folkmar: Einige Probleme des § 18 GWB, in: Wettbewerb als Aufgabe. Nach zehn Jahren Gesetz gegen Wettbewerbsbeschränkungen, Bad Homburg v.d.H./Berlin/Zürich 1968, S. 301.

— Wechselwirkungen zwischen Gesetz gegen Wettbewerbsbeschränkungen und Recht des unlauteren Wettbewerbs; in: NJW 1961, 1041.

Koller, Ingo: Der Gleichheitsmaßstab im Diskriminierungsverbot, München 1972.

Kraßer, Rudolf: Der Schutz vertraglicher Rechte gegen Eingriffe Dritter, Köln/Berlin/Bonn/München 1971.

— Der Schutz von Preis- und Vertriebsbindungen gegenüber Außenseitern, Köln, Berlin, Bonn, München 1972.

Kuhlmann, H. G.: Verfahrenswege bei Verstößen gegen das GWB; in: WRP 1959, 142.

Langen, Eugen: Kommentar zum Kartellgesetz, 4. Aufl., Neuwied/Berlin, Stand 1967.

Larenz, Karl: Lehrbuch des Schuldrechts, Bd. I, 12. Aufl., München 1979, Bd. II, 11. Aufl., München 1977.
— Präventionsprinzip und Ausgleichsprinzip im Schadensersatzrecht; in: NJW 1959, 865.

Leo, Hans-Christoph: Zum Begriff der Schutzvorschrift in § 35 GWB; in: WuW 1959, 485.
— Das marktbeherrschende Unternehmen in den §§ 22, 26 GWB; in: 10 Jahre Kartellgesetz. Eine Würdigung aus der Sicht der deutschen Industrie, herausgegeben vom Arbeitskreis Kartellgesetz im Ausschuß für Wettbewerbsordnung des Bundesverbandes der Deutschen Industrie, Bergisch-Gladbach 1968, S. 291.

Liebs, Rüdiger: Wettbewerbsbeschränkende Vertriebsverträge und unerlaubte Handlung, Stuttgart 1973.

Lindacher, Walter F.: Grundfragen des Wettbewerbsrechts; in: BB 1975, 1311.

Lipps, Wolfgang: Kartellrecht, 2. Aufl., Bonn 1975.

Loewenheim, Ulrich: Möglichkeiten der dreifachen Berechnung des Schadens im Recht gegen den unlauteren Wettbewerb; in: ZHR 135 (1971), 97.

Lukes, Rudolf: Der Kartellvertrag, München/Berlin 1959.

Mailänder, K. Peter: Privatrechtliche Folgen unerlaubter Kartellpraxis, Karlsruhe 1964.
— Die Befugnis der Marktbeteiligten zur Rechtsbeschwerde im Kartellverfahren; in: WuW 1965, 657.

Malzer, G.: Zum Antragsrecht und Rechtsanspruch auf Einschreiten der Kartellbehörde; in: DB 1972, 1955.

Markert, Kurt: Zum Schutzgesetzcharakter des § 25 Abs. 1 GWB; in: WRP 1966, 330.

Mayer-Wegelin, Heinz: Gesetz gegen Wettbewerbsbeschränkungen (Kartellgesetz), Stand 1974.

Mertens, Hans-Joachim: Deliktsrecht und Sonderprivatrecht — Zur Rechtsfortbildung des deliktischen Schutzes von Vermögensinteressen; in: AcP 178 (1978), 227.

Merz, Hans: Kartellrecht — Instrument der Wirtschaftspolitik oder Schutz der persönlichen Freiheit?; in: Wirtschaftsordnung und Rechtsordnung, Festschrift zum 70. Geburtstag von Franz Böhm, Karlsruhe 1965, S. 227.

Mestmäcker, Ernst-Joachim: Das Verhältnis des Rechts der Wettbewerbsbeschränkungen zum Privatrecht; in: AcP 168 (1968), 235 = DB 1968, 787, 835.
— Verpflichtet § 22 GWB die Kartellbehörde, marktbeherrschenden Unternehmen ein Verhalten aufzuerlegen, als ob Wettbewerb bestünde?; in: DB 1968, 1800.
— Europäisches Wettbewerbsrecht, München 1974.
— Macht — Recht — Wirtschaftsverfassung; in: ZHR 137 (1973), 97.

Möhring, Philipp: Das Gesetz gegen Wettbewerbsbeschränkungen in der Rechtsprechung des Bundesgerichtshofes; in: NJW 1963, 81, 133.

Möhring, Philipp: „Abgestimmtes Verhalten" im Kartellrecht. Ein Beitrag zur verfassungsrechtlichen Problematik unbestimmter Rechtsbegriffe; in: NJW 1973, 777.
— Wettbewerbsordnung und Kartellrecht; in: WuW 1954, 387, 493.

Möschel, Wernhard: Oligopolmißbrauch nach § 22 GWB; in: DB 1973, 461, 509.
— Preiskontrollen über marktbeherrschende Unternehmen; in: JZ 1975, 393.
— Mißbrauchsaufsicht über marktbeherrschende Unternehmen; in: NJW 1975, 753.
— Der Oligopolmißbrauch im Recht der Wettbewerbsbeschränkungen, Tübingen 1974.
— Marktmacht und Preiskontrolle; in: BB 1976, 49.

Müller, Heinz / *Gries*, Gerhard: Kommentar zum Gesetz gegen Wettbewerbsbeschränkungen, Frankfurt 1958.
— Kontrahierungszwang nach § 25 Abs. 1 GWB; in: WRP 1960, 179.

Müller, Heinz / *Giessler*, Peter: Kommentar zum Gesetz gegen Wettbewerbsbeschränkungen, begründet von Heinz Müller und Gerhard Gries, fortgeführt von Heinz Müller und Peter Giessler, 3. Aufl., Frankfurt, Stand März 1976.

Müller-Henneberg, Hans: Zu den Begriffen „Kartell" und „Wettbewerbsbeschränkung"; in: WuW 1963, 877.

Palandt, Otto: Bürgerliches Gesetzbuch, 39. Aufl., München 1980.

Raisch, Peter: Das Gesetz gegen Wettbewerbsbeschränkungen als Instrument zur Bindung großer wirtschaftlicher Macht; in: BB 1971, 229.
— Methodische Bedenken gegen Generalklauseln im Kartellrecht am Beispiel der Mißbrauchsaufsicht über marktbeherrschende Unternehmen; in: JZ 1965, 625.
— Zum Begriff des Mißbrauchs im Sinne des § 22 GWB; in: Wettbewerb als Aufgabe. Nach zehn Jahren Gesetz gegen Wettbewerbsbeschränkungen, Bad Homburg v.d.H./Berlin/Zürich 1968, S. 357.

Raiser, Ludwig: Mißbrauch im Wirtschaftsrecht; in: JZ 1972, 732.
— Rechtsschutz und Institutionenschutz im Privatrecht, in: summum ius summa iniuria, Tübingen 1963, S. 145.
— Die Zukunft des Privatrechts, Berlin/New York 1971.

Raiser, Thomas: Entscheidungsanmerkung; in: JZ 1971, 399.

Rasch, Harold / *Westrick*, Klaus: Wettbewerbsbeschränkungen. Kartell- und Monopolrecht. Kommentar zum Gesetz gegen Wettbewerbsbeschränkungen, 3. Aufl., Herne/Berlin 1966.

Reich, Norbert: Mißbrauch der Mißbrauchsaufsicht durch Preiskontrolle über marktbeherrschende Unternehmen?; in: ZRP 1975, 159.

Reinhart, Gert: Entscheidungsanmerkung; in: BB 1971, 190.

Richardi, Reinhard: Bericht über die Tagung der Zivilrechtslehrer in Bad Pyrmont am 19. und 20. Oktober 1967; in: AcP 168 (1968), 318.

Rinck, Gerd: Das Wirtschaftsrecht im — abklingenden — Spannungsfeld zwischen öffentlichem und privatem Recht; in: WiR 1972, 5.
— Einwirkungen des Kartellrechts auf das allgemeine Privatrecht; in: Festschrift für Franz Wieacker zum 70. Geburtstag, Göttingen 1978, S. 476 f.

Rinck, Gerd: Wirtschaftsrecht, 4. Aufl., Köln/Berlin/Bonn/München 1974.

Rittner, Fritz: Die Ausschließlichkeitsbindungen in dogmatischer und rechtspolitischer Betrachtung, Düsseldorf 1957.
— Wirtschaftsrecht, Heidelberg, Karlsruhe 1979.
— Die Ausschließlichkeitsbindungen nach dem Gesetz gegen Wettbewerbsbeschränkungen; in: DB 1957, 1091, 1118.
— Das Ermessen der Kartellbehörde; in: Beiträge zum Wirtschaftsrecht, Festschrift für Heinz Kaufmann zum 65. Geburtstag, Köln-Marienburg 1972, S. 307.
— § 22 GWB im Spannungsfeld wirtschaftswissenschaftlicher Theorien und rechtsstaatlicher Postulate; in: Wettbewerbsordnung im Spannungsfeld von Wirtschafts- und Rechtswissenschaft, Festschrift für Gunther Hartmann, S. 251, Köln, Berlin, Bonn, München 1976.
— Die Rechtssicherheit im Kartellrecht; in: WuW 1969, 65.

Rödig, Jürgen: Erfüllung des Tatbestandes des § 823 Abs. 2 BGB durch Schutzgesetzverstoß, Bielefeld 1973.

Rowedder: Kartellrecht, Heidelberg 1954.

Säcker, Franz-Jürgen: Zielkonflikte und Koordinationsprobleme im deutschen und europäischen Kartellrecht, Düsseldorf 1971.

Sandrock, Otto: Grundbegriffe des Gesetzes gegen Wettbewerbsbeschränkungen, München 1968.
— Der Ausschluß von der Belieferung nach § 25 Abs. 1 GWB; in: JurA 1970, 48.
— Die Liefersperre in kartell- und zivilrechtlicher Sicht; in: JuS 1971, 57.

Schmidt, Ingo: Methodische Bedenken gegen Generalklauseln im Kartellrecht am Beispiel der Mißbrauchsaufsicht über marktbeherrschende Unternehmen — eine Erwiderung; in: JZ 1967, 247.
— US-amerikanische und deutsche Wettbewerbspolitik gegenüber Marktmacht, Berlin 1973.

Schmidt, Karsten: Aufgaben und Leistungsgrenzen der Gesetzgebung im Kartelldeliktsrecht, Baden-Baden 1978.
— Kartellverfahrensrecht — Kartellverwaltungsrecht — Bürgerliches Recht (Kartellrechtspflege nach deutschem Recht gegen Wettbewerbsbeschränkungen), Köln, Berlin, Bonn, München 1977.

Schmidt-Syaßen, Inga: Zur Wechselwirkung von Wirtschaftsrecht und bürgerlichem Recht bei der Konkretisierung von freiheitsbeschränkenden Generalklauseln, dargestellt an Hand der Entwicklung und Dogmatik des § 826 BGB und § 26 Abs. 2 GWB, Diss. Bonn 1973.

Schmiedel, Burkhard: Deliktsobligationen nach deutschem Kartellrecht. Erster Teil, Zivilrechtsdogmatische Grundlegung, Tübingen 1974.
— Kontrahierungszwang aus § 25 Abs. 1 GWB?; in: WRP 1966, 41.

Scholz, Rupert: Wirtschaftsaufsicht und subjektiver Konkurrentenschutz. Insbesondere dargestellt am Beispiel der Kartellaufsicht, Berlin 1971.

Schramm, Carl / *Klaka*, Rainer: Das Deliktsrecht im Gesetz gegen Wettbewerbsbeschränkungen; in: WRP 1958, 75.

Soell, Hermann: Das Ermessen der Eingriffsverwaltung, Heidelberg 1973.

Soell, Hermann: Beiladung und Konkurrentenschutz im Verwaltungsverfahren des Kartellgesetzes; in: Rechtswissenschaft und Gesetzgebung, Festschrift für Eduard Wahl zum 70. Geburtstag, Heidelberg 1973, S. 439.

Soergel, Th. Hs.: Bürgerliches Gesetzbuch, neu herausgegeben von W(olfgang) Siebert, 10. Aufl., Stuttgart/Berlin/Köln/Mainz, Bd. I 1967, Bd. II 1967, Bd. III 1969, Bd. IV 1968.

Spengler, Albrecht: Über die Tatbestandsmäßigkeit und Rechtswidrigkeit von Wettbewerbsbeschränkungen, Düsseldorf 1960.

Staudinger, J. v.: Kommentar zum Bürgerlichen Gesetzbuch, Bd. I, 11. Aufl., Berlin 1957; Bd. II/1c 10./11. Aufl., Berlin 1967.

Stein, Ekkehart: Die Wirtschaftsaufsicht, Tübingen 1967.

Steindorff, Ernst: Politik des Gesetzes als Auslegungsmaßstab im Wirtschaftsrecht; in: Festschrift für Karl Larenz zum 70. Geburtstag, München 1973, S. 217.

— Wirtschaftsordnung und -steuerung durch Privatrecht?; in: Funktionswandel der Privatrechtsinstitutionen, Festschrift für Ludwig Raiser zum 70. Geburtstag, Tübingen 1974, S. 621.

— Entscheidungsanmerkung; in: JZ 1976, 29.

— Gesetzgeberische Möglichkeiten zu verbesserter Durchsetzung des Gesetzes gegen Wettbewerbsbeschränkungen; in: ZHR 138 (1974), 504.

Strickrodt, Georg: Liefer- und Leistungsverträge unter den Wirkungen des Kartellverbots; in: WuW 1957, 75.

Tetzner, Heinrich: Kartellrecht, 2. Aufl., München 1967.

Thiele, Willi: Sind kartellrechtliche Preiskontrollen verfassungskonform?; in: JR 1977, 359.

Tilmann, Winfried: Zur Rechtsstellung des Verbrauchers bei Wettbewerbsdelikten; in: ZHR 141 (1977), 32.

Ullrich, Hanns: Zivilprozeß und Kartellverstoß; in: Gewerblicher Rechtsschutz, Urheberrecht, Wirtschaftsrecht; Mitarbeiterfestschrift zum 70. Geburtstag von Eugen Ulmer, 1973.

Ulmer, Peter: Zur Problematik vertikaler Wettbewerbsbeschränkungen und zum Schutz des intrabrand-Wettbewerbs im GWB; in: ZHR 130 (1968), 164.

— Bemerkungen zum Valium-Beschluß des Bundesgerichtshofs; in: BB 1977, 357.

— Entscheidungsanmerkung; in: BB 1973, 110.

Vollmer, Lothar: Der deliktsrechtliche Schutz der Vertragsfreiheit; in: JA 1979, 84.

Werner, Fritz: Zum Verhältnis von gesetzlichen Generalklauseln und Richterrecht, Karlsruhe 1966.

Westermann, Harry: Der konstitutive und deklaratorische Hoheitsakt als Tatbestand des Zivilrechts; in: Festschrift für Karl Michaelis zum 70. Geburtstag am 21. Dezember 1970, Göttingen 1972, S. 337.

Witthuhn, Wilfried: Die Ausgestaltung der privaten Klage im Wirtschaftsrecht, Diss. Hamburg 1976.

Würdinger, Hans: Freiheit der Persönlichkeitsentfaltung, Kartell- und Wettbewerbsrecht; in: WuW 1953, 271.

Zipfel, W.: Kartellrechtliche Beurteilung von Bierlieferungsverträgen; in: BB 1958, 1004.

Printed by Libri Plureos GmbH
in Hamburg, Germany